シリーズ「遺跡を学ぶ」

016

鉄剣銘一一五文字の謎に迫る

埼玉古墳群

高橋一夫

新泉社

鉄剣銘一一五文字の謎に迫る
―埼玉古墳群―

高橋一夫

【目次】

装幀　新谷雅宣
本文図版　中原利絵

第1章　鉄剣銘文の発見

1　サビの中に金色に輝く文字が

関東平野の北西部、元荒川《もとあらかわ》と星川《ほしかわ》に浸食されて小さくとり残された埼玉《さきたま》台地に、九基の前方後円墳（消滅した大人塚《うしづか》古墳を含む）と日本最大の円墳を含む四〇基近くの円墳、一基の方墳からなる埼玉古墳群《さきたまこふんぐん》がある（図1、2）。そのなかの稲荷山《いなりやま》古墳出土の鉄剣から、一九七八年に「世紀の大発見」と世間を驚かせた一一五文字の金錯銘《きんさくめい》が発見された。

その発見の経緯をドキュメント風に再現すると、つぎのようになる。

七月二七日　元興寺《がんごうじ》文化財研究所保存処理センターの研究員大崎敏子は、稲荷山古墳出土の鉄剣のサビ落としにとり組んでいた。ブラシで土を落としていると、サビの中に金色に輝く光がみえた（図3）。

九月一一日　午後二時、増澤文武室長は鉄剣のレントゲン写真撮影をおこなった。フィルムを

◀図2 ● 空からみた埼玉古墳群
①稲荷山古墳、②丸墓山古墳、③将軍山古墳、④二子山古墳、
⑤愛宕山古墳、⑥瓦塚古墳、⑦鉄砲山古墳、⑧奥の山古墳、
⑨中の山古墳

図１ ● 埼玉古墳群の位置

現像すると文字が写し出された。世紀の大発見といわれた辛亥《しんがい》銘文の発見の瞬間である。増澤は「文字が出た！　文字が出た！」といって暗室を飛び出した。

九月一二日　午後五時すぎ、文字の写ったフィルムは国立奈良文化財研究所に持ち込まれた。文献学の狩野久・田中稔、考古学の田中琢《みがく》が待ち受け、解読作業がはじまった。解読は翌日も続き、京都大学の岸俊男もこれに加わった。

九月一三日　一一五文字の解読が終了。

九月一九日　埼玉県教育委員会は記者発表をおこなう。じつは、記者発表は翌二〇日におこなう予定だった。前日の一八日、田中琢が知り合いの記者たちに、「大発見があった。一面トップ記事は間違いない。近く発表があるから、心の準備だけしておけ」と電話をかけた。

毎日新聞の岡本記者は狩野久の後輩である。狩野からおおよその内容を聞き出した。岡本記者は書くべきか、書かざるべきか悩んだ。が、記者である。岡本は書いた。それを知った田中は岡本記者に電話した。「輪転機を止めるんだ」。岡本記者はいった。「それはできません」。輪転機は

図３ ● 銘文の研ぎ出し

止まらなかった。その内容は翌二〇日の朝刊に載ることになった。国立奈良文化財研究所からその知らせを受けた県教育委員会は、一日くり上げて記者発表したのである。世紀の発見は各紙朝刊の一面トップを飾り、国内外を駆けめぐった。

2　銘文一一五文字の解読

ここで、解読された銘文を紹介しよう（図4）。

〔表〕辛亥年七月中記乎獲居臣上祖名意富比垝其児多加利足尼其児名弖已加利獲居其児名多加披次獲居其児名多沙鬼獲居其児名半弖比（五七字）

〔裏〕其児名加差披余其児名乎獲居臣世々為杖刀人首奉事来至今獲加多支鹵大王寺在斯鬼宮時吾左治天下令作此百練利刀記吾奉事根原也（五八字）

訓読

辛亥の年の七月中、記す。ヲワケの臣。上祖、名はオホヒコ。其の児、（名は）タカリのスクネ。其の児、名はテヨカリワケ。其の児、名はタカヒ（ハ）シワケ。其の児、名はタサキワケ。其の児、名はハテヒ。

其の児、名はカサヒ（ハ）ヨ。其の児、名はヲワケの臣。世々、杖刀人《じょうとうじん》の首と為り、奉事し来り今に至る。ワカタケル大王《だいおう》の寺、シキの宮に在る時、吾、天下を佐治し、此の百練の利刀を作らしめ、吾が奉事の根原を記す也。

図 4 ● 金錯銘鉄剣
115 文字の銘文はいまでも金色に輝き、はっきりと読み取ることができる。

銘文が発見されて四半世紀がすぎた。銘文に関しては膨大な研究蓄積があり、これまでの研究により定説となりつつある見解を紹介しよう。

獲加多支鹵大王　古事記には「大泊瀬幼武」、日本書紀には「大長谷若建」とあり、ともにオオハツセワカタケルというおくり名をもつ「雄略天皇」で、『宋書』倭国伝にその名をとどめた倭の五王讃・珍・済・興・武の一人である「武」とする説でほぼ一致している。

辛亥年　辛亥年を西暦五三一年とする説もあるが、獲加多支鹵《ワカタケル》大王《だいおう》＝雄略天皇とすると四七一年説が有力である。

乎獲居　さまざまな見解があるが、これまでの諸説をおおまかにまとめると、つぎの三つの説に集約できる。

（1）乎獲居《ヲワケ》は、大王が天下を治めるのを補佐した畿内豪族で、乎獲居本人が東国に派遣され、稲荷山古墳に葬られた。

（2）乎獲居は畿内豪族で、杖刀人として上番《じょうばん》した北武蔵の豪族の子弟が杖刀人の首である乎獲居に仕え、功績が著しかったので乎獲居から鉄剣を与えられた。

（3）乎獲居は北武蔵の豪族で、被葬者も同一人物である。

鉄剣は遺物、つまり動産なので移動が可能で、手から手にわたることもある。そのため乎獲居をめぐる話を複雑にしている。これら三説は新資料が出現しないかぎり決着はつけがたい。どの説を採用するかによって、東国の古代史像は大きく変わる。これから稲荷山古墳に足を踏み入れて、この問題を追究していこう。

第2章　稲荷山古墳を掘る

1　墳頂部に未盗掘礫槨を発見

一九六六年、埼玉県では埼玉古墳群を「風土記の丘」として整備することになった。その際、古墳一基を発掘し、横穴式石室《よこあなしきせきしつ》の内部を見学してもらう計画が立てられた。どの古墳を掘るべきか、関係者は悩んだ。第一候補はもっとも小さい愛宕山《あたごやま》古墳であった。小さいので発掘調査は容易であるが、完全な形を保っているので、掘ってしまうのは惜しい。第二候補は前方部が壊されている稲荷山古墳である。検討の結果、稲荷山古墳を発掘調査することが決定され、一九六八年八月一日から調査が開始された。

当時、埼玉古墳群に関する研究蓄積はなかった。将軍山《しょうぐんやま》古墳は横穴式石室、埼玉古墳群に隣接した若王子《わかおうじ》古墳も横穴式石室、八幡山《はちまんやま》古墳も関東の石舞台《いしぶたい》とよばれる横穴式石室なので、稲荷山古墳の年代は六世紀中頃から七世紀初頭、横穴式石室と想定した。

横穴式石室をさがすためのトレンチが墳丘《ふんきゅう》南斜面に設定されたが、数日掘れども石室にはあたらない。掘りはじめて四日目、横穴式石室は存在しないと判断し、墳頂部《ふんちょうぶ》にトレンチを入れた。すると翌日、攪乱《かくらん》土中から遺物が出土し、二日目に、礫槨《れきかく》と粘土槨《ねんどかく》の二つの主体部が発見された（図5、6）。

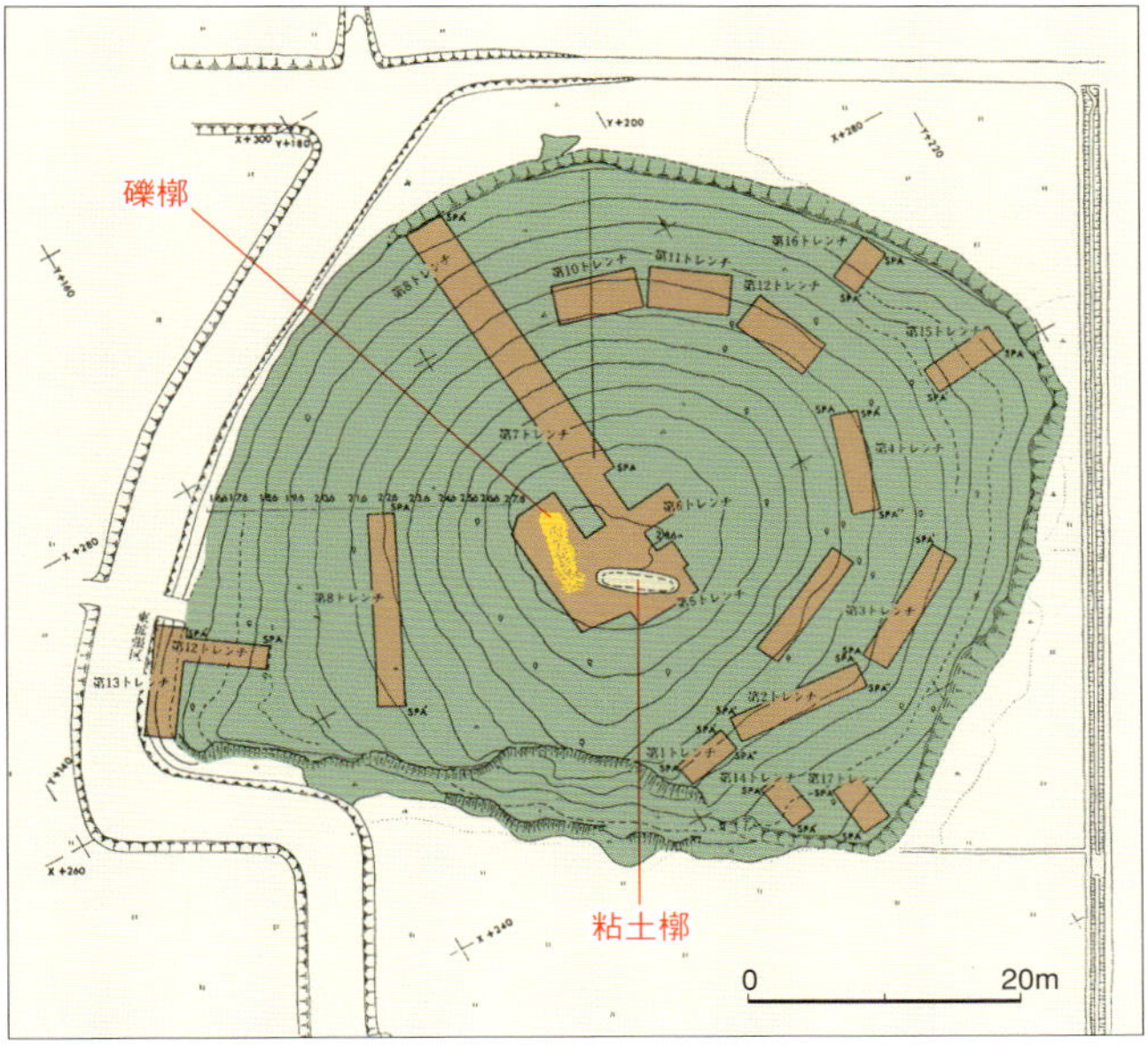

図5 ● 稲荷山古墳の発掘調査
主体部をさがすトレンチが多く入れられており、調査時の苦労がしのばれる。

図6 ● 稲荷山古墳・第一主体部の礫槨
刀剣や鏡などの出土時の状況がよくわかる。

2　鏡や武具・馬具など多彩な副葬品

第一主体部

主体部　舟形《ふながた》をした礫槨（図6）で、全長五・七メートル、最大幅は一・二メートル、棺底の形状から割竹形木棺《わりたけがたもっかん》か舟形木棺であったと想定されている（図11参照）。なお、棺の大きさは約三・七メートルと推定されている。

舟形礫槨の主軸は南北で、舳先《へさき》は南向き、遺物の配置からみて被葬者は艫《とも》つまり北側に頭を向けていた。盗掘をまぬがれたので副葬品は数多く出土した。その内容はつぎのとおりである。

装身具　画文帯環状乳四神四獣鏡《がもんたいかんじょうにゅうししんしじゅうきょう》が一面出土した。中国製の鏡で、面径一五・五センチ。布に包まれ、頭部に置かれていた。鈕《ちゅう》の外側には中国の神仙《しんせん》思想にもとづき、四獣の上に東王《とうおう》父《ふ》、西王母《さいおうぼ》、伯牙《はくが》弾琴《だんきん》、黄帝《こうてい》の神像が配され、その外には半円と方格文帯《ほうかくもんたい》がめぐる。方格内には四文字記されているが、鋳上がり悪く不鮮明で判読できないものもある（図7）。

稲荷山古墳の出土鏡と同じ型からつくられた鏡が、宮崎県児湯《こゆ》郡新富町《しんとみちょう》山ノ坊《やまのぼう》古墳、伝・福岡県京都《みやこ》郡、三重県志摩《しま》郡大王町《だいおうちょう》（現・志摩市）塚原《つかはら》古墳、千葉県夷隅《いすみ》郡大多喜町《おおたきまち》台《だい》古墳、群馬県高崎市八幡観音塚《やわたかんのんづか》古墳から出土している。

画文帯神獣鏡は中国では長期間つくられた。倭の五王は中国と積極外交をおこなったが、その過程で入手し、各地の豪族に配布したものであろう。現在、二四面出土している。同型鏡ではないが、「獲加多支鹵大王」銘のある直刀が出土した熊本県江田船山《えたふなやま》古墳からも出土してい

図 7 ● **画文帯環状乳四神四獣鏡**
鏡の文様に中国の神仙思想が表現されている。

図 8 ● **帯金具**
金メッキされた透彫の竜と鈴がベルトを飾った。

ることは興味深い。

ヒスイ勾玉《まがたま》と銀製耳飾り、帯金具《おびかなぐ》は、被葬者が着装した状態で出土した。帯金具はバックルの部分にあたる鉸具《かこ》、ベルトに打ち付けた銙板《かばん》と鉈尾《だび》とからなる。銅に金メッキされた銙板には竜が透彫《すかしぼり》され、鈴が下げられている（図8）。帯金具は朝鮮半島産の可能性が高い。

武器・武具　剣が二振《ふり》、直刀《ちょくとう》は五振出土した。しかし、一振は破片で破砕された可能性もある。これらは遺体の左右に置かれ、辛亥銘鉄剣は左側の腰より下の部分に置かれていた。鉄鏃《てつぞく》は五個所から一三九本出土した。一束は棺内の左足下に、棺外左側に二束、そして頭部棺外に二束置かれていた。これらは靫《ゆぎ》に入れられ副葬されたのであろう。矛《ほこ》は二本副葬され、一本は遺体の左に、もう一本は棺外右側に置かれていた。

図 9 ● f 字形鏡板
馬を制御する轡の外側に付けられる。

図 10 ● 鈴杏葉
馬が動くたびにシャン、シャンと鳴る。

矛の長さは二・八五メートルと推定される。縦長の小さな鉄の板を紐《ひも》でつなぎ合わせた挂甲《けいこう》は足先に副葬されていた。

馬具　すべて棺外に副葬されていた。棺の南端から鞍《くら》と鐙《あぶみ》が、頭部付近には馬を制御するための道具である轡《くつわ》、引手《ひきて》と、f字形をした鏡板《かがみいた》や三環鈴《さんかんれい》、鞍を固定するための辻金具《つじかなぐ》や雲珠《うず》、鈴杏葉《すずぎょうよう》などが置かれていた（図9・10）。

工具類　長さ八・二センチの砥石《といし》が、鉄剣の近くから出土した。砥石の先端に穴が空いていることから、腰に下げていたものと思われる。大小の鉄斧《てつおの》、二本の鉄鉗《かなはし》（鍛冶道具）、鑷子《ちょうじ》（毛抜き状のもの）、鉇《やりがんな》（槍先状のカンナ）が頭部棺外から出土した（図11）。

第二主体部

主軸は東西六・五メートルの粘土槨で、最大幅は中央部で一・九メートルである。盗掘を受けているため副葬品の残存状態は悪いが、それでも武器・武具は剣、直刀、鉄鏃、挂甲片が、馬具は轡・辻金具、鉸金具、そのほかには鎌が出土した。

本来は第一主体部の礫槨に匹敵する副葬品が埋葬されていたのだろう。

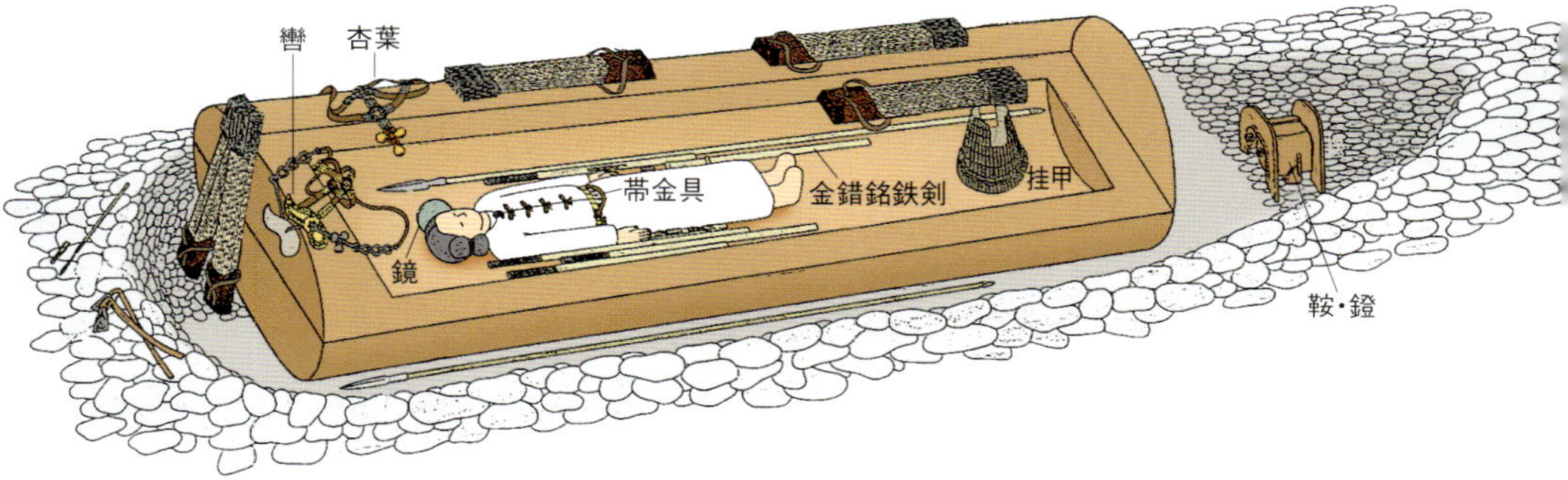

図11 ● 礫槨埋葬状況の復原図
鏡と武人にとって重要な武器・武具が棺内に、
馬具や工具類は棺外に副葬されていた。

3　築造年代は五世紀末

一九三六年に稲荷山古墳の前方部が破壊されたとき、南東側くびれ部から須恵器《すえき》と土師器《はじき》が採集され、「伝・稲荷山古墳出土資料」として扱われてきた（図12）。

一九九七年に北西くびれ部（後円部を上にした場合、左側。以下同じ）の調査がおこなわれ、無蓋高坏《むがいたかつき》二、坏蓋一、坏二、𤭯《はそう》一、有蓋脚付短頸壺《ゆうがいきゃくつきたんけいこ》一個体の須恵器が出土した。

坏のうち一点は小破片であったが、調査に参加していた学生に「これはかつて出た須恵器と必ず接合するから」と暗示をかけて接合作業をさせると、一日もたたないうちに「接合しました！」と飛んできた。

これで先の須恵器は稲荷山古墳出土であることが確定し、一級資料となった。

そして、須恵器は右くびれ部ではなく、左くびれ部から出土したことも判明した。左側のくびれ部近くの後円部には造り出しが存在することから、本来はそこにあったものであろう。

図 12 ● **1936 年に稲荷山古墳造り出しから出土した須恵器・有蓋高坏**
これらの須恵器が年代決定の決め手となった。

須恵器の編年作業は、大阪府陶邑窯跡《すえむらかまあと》の発掘資料を基におこなわれ、体系化されている。

稲荷山古墳出土の須恵器はこれまでに多くの研究者が年代比定をおこなっているが、ＴＫ（陶邑窯跡高蔵地区の略）23型式ないしはＴＫ47型式の特徴を示すという点で一致している。田辺昭三は、ＴＫ23型式とＴＫ47型式間に西暦五〇〇年を想定している（図13）。

ＴＫ47型式とみる研究者も同一型式のなかでも古い段階とするので、須恵器は五世紀末と考えていいだろう。

また、一九九七年の調査で、後円部北東コーナーの内濠《うちぼり》から土師器坏二点と高坏五点がまとまって出土した。高坏は五世紀後半の和泉《いずみ》式土器の特徴を残している。

稲荷山古墳出土の須恵器と土師器に類似する資料が、鴻巣《こうのす》市新屋敷《しんやしき》遺跡の古墳周濠《しゅうごう》から出土している。

新屋敷遺跡では、六世紀初頭に噴火したと考えられている群馬県榛名山《はるなさん》二ツ岳の火山灰（ＦＡ）が良好な状態で確認された。

稲荷山古墳と同時期の土器はすべて周濠内のＦＡ層より下層で出土していることから、少なくとも六世紀初頭を下ることはなく、五世紀末に位置づけることが妥当である。こうした点からも、辛亥年を四七一年とする説は支持できる。

年　代	型　式	埼玉古墳群
	TK23	
500年		稲荷山古墳
	TK47	
		二子山古墳
	MT15	
		瓦塚古墳
	TK10	
	MT85	鉄砲山古墳
	TK43	将軍山古墳
600年		
	TK209	中の山古墳

図13 ● 陶邑窯跡にもとづく須恵器の編年と埼玉古墳群

4　被葬者への手がかり

稲荷山古墳の築造年代は五世紀末で、ＦＡ降下以前であることが確認できた。白石太一郎は鈴杏葉の編年から、礫槨出土の鈴杏葉はＴＫ47型式より新しいＭＴ15型式の古段階にともなうものであり、発掘された二基の主体部はいずれも中央部に位置していないことから、ＴＫ47型式期の未発見の主体部が存在すると考える。

つまり、未発見の主体部に埋葬された人物のために稲荷山古墳が造営されたとみるのである。そして、礫槨の人物は、父ないし兄である族長の意を受けて杖刀人としてヤマトに上番し、乎獲居と特別の関係を築いて剣をもらい、死後、副葬された可能性が高いと考える。

古墳の多くは複数埋葬を拒否するかのように墳頂部は狭い。稲荷山古墳の墳丘を観察すると、後円部の墳頂平坦面は、実測図をみてもわかるように広い（図5）。埼玉古墳群における一〇〇メートル級古墳の墳頂平坦面の径と後円部径との比は、稲荷山古墳が〇・二三、二子山《ふたごやま》古墳〇・一四、丸墓山《まるはかやま》古墳〇・二九、鉄砲山《てっぽうやま》古墳が〇・一三である。稲荷山古墳と丸墓山古墳の墳頂平坦面は、他の古墳にくらべて大きな数値を示している。つまり、稲荷山古墳は築造当初から複数埋葬を想定していた可能性がある。

複数埋葬を前提として築かれた古墳とすると、多くの研究者が指摘するように、さらに埋葬施設が存在する可能性がある。礫槨より古い埋葬施設が存在するとなると、辛亥銘鉄剣とともに埋葬された者のために稲荷山古墳が造営されたとは考えられないので、その被葬者は在地の人物である可能性がより高まる。この点は、主体部や副葬品だけでは決着しないので、周辺の考古学的状況を加味して第3章で述べることにしよう。

5　造り出し・張り出しの儀礼と葬列の道

墳丘と造り出し

稲荷山古墳は墳丘長一二〇メートルの前方後円墳で、墳丘は二段築成である。後円部高一一・七メートル、前方部高一〇・七メートルと後円部が一メートルほど高い（図14、15）。周濠は長方形で二重にめぐる。二重周濠を含めた大きさは南北二〇五メートル、東西一七〇メートルと墓域は広大である。造り出しが左くびれ部にあり、同じ側の中堤《ちゅうてい》に張り出しがあり、張り出しに通じる陸橋も存在する（図16）。

造り出しから図12でみた須恵器と土師器が出土している。埋葬終了後にこれらの土器を使って、なんらかの儀礼がおこなわれた。また、造り出しをもつ古墳は全国でも少なく、大型前方後円墳に付設された例が多いので、そこでは重要な儀礼がおこなわれたにちがいない。

張り出しに配列された埴輪

円筒埴輪は六条突帯《とったい》の推定八五センチの大型品で、透かしは円形、方形、半円形がある（図17）。張り出し周辺からは、眉庇付冑《まびさしつきかぶと》をかぶった武人（全身像か、図18）、盾をもつ武人、靫

図 14 • **前方部土取り時の稲荷山古墳**
往時の様子を知ることができる貴重な写真。

図 15 • **復原された稲荷山古墳**
破壊された前方部のみ築造当初の姿に復原された。

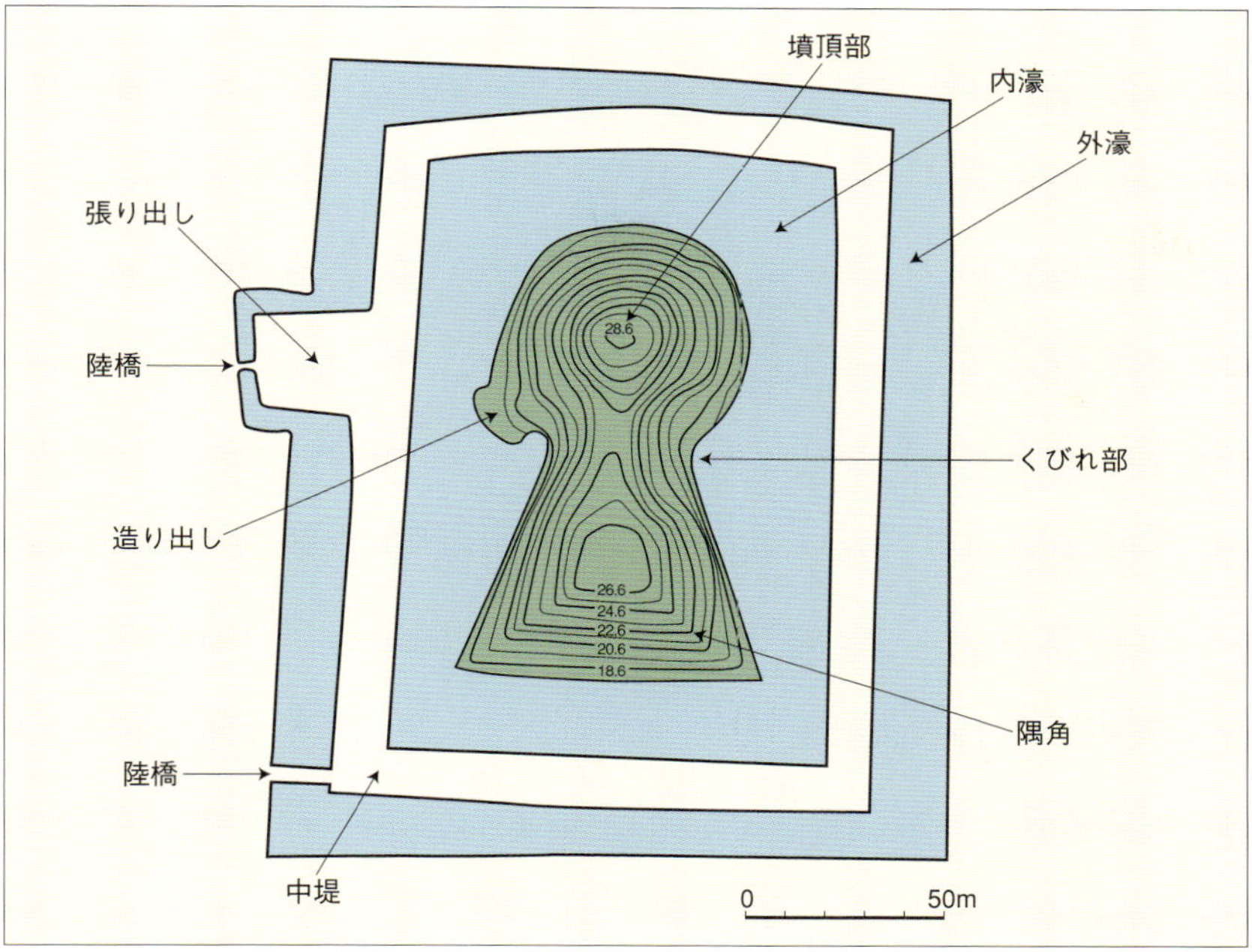

図 16 ● 稲荷山古墳の復原図
1935 年の実測図と合成して作成。

図 17 ● 稲荷山古墳出土の埴輪
左：円筒埴輪（推定 85cm）。右：朝顔形埴輪（推定 106cm）。
透かしは半円形・方形という古い様相を残している。

を背負う武人、弾琴《だんきん》の人物、巫女（図19）、両手で壺を捧げる巫女、冠を付けた人物、壺を頭にのせる人物などの人物埴輪、鞆《とも》、蓋《きぬがさ》、甲冑《かっちゅう》、盾、家などの器財埴輪、馬などの動物埴輪が出土している。人物や器財埴輪は張り出しに集中的に配列されたと考えてよい。

埴輪を配列する点では張り出しと造り出しは同列であるが、その内容には大きな相違があるようだ。この点については後述しよう。

葬列の道

近藤義郎は、後円部墳頂に棺を埋葬するための葬列がどのような場所を通ってそこに到達したか、また古墳の本質を追究するために墳丘傾斜度を計測し、表1のようにまとめた。

稲荷山古墳もその方式を借用して計測すると、後円部の傾斜は二五度前後、前方部は二六度前後、前方部中央二四度前後で、前方部隅角は右一六度、左一五度で、左隅角がもっともゆるい傾斜で、「疲労」程度で

図 18 ● 稲荷山古墳出土の武人埴輪
高さ 30cm。頭部の大きさから、立派な全身の武人像だったと思われる。

登れることになる。また、外濠《そとぼり》の左下コーナーに陸橋が付いているが、これは葬列の通り道で、内濠を一部掘り残し、左隅角から登ったことを意味している。他の個所は傾斜が強いので、登ることを拒否・禁忌していることになる。そして、被葬者を埋葬した以降は後円部墳頂部や墳丘全体に円筒埴輪《えんとうはにわ》をめぐらし、周濠の掘り残した個所も撤去するので墳丘に登ることが禁忌となり、造り出しという舞台が必要になったのである。

また、稲荷山古墳は複数埋葬を前提としていたと考えたが、同時埋葬でないかぎり再度墳丘に登ることになるので、二回目以降の埋葬の場合は円筒埴輪などを一部撤去し、初回と同じ道を登った。前方部から後円部への傾斜度は一三度で、十分に葬列が登れる傾斜である。

図19 ● 稲荷山古墳出土の巫女埴輪
高さ53cm。左腰に五鈴鏡を付けている。

15度以内	疲　労
20度以内	努　力
25度以内	困　難
20度以上	至　難
30度以上	不可能？

表1 ● 墳丘傾斜度と葬列の通行難易度
近藤義郎『前方後円墳観察への招待』青木書店より。

第3章　埼玉古墳群の出現と変遷

1　埼玉古墳群の成立基盤

沖積地開拓に成功した人びと

古墳時代前期になると、周辺地域では突如遺跡が出現し、畿内や東海地方西部系土器が出土する。たとえば、埼玉古墳群の北西八キロに位置する熊谷市北島《きたじま》遺跡では、古墳時代前期の住居跡がおよそ一七〇軒、方形周溝墓《ほうけいしゅうこうぼ》が三〇基弱、さらに堰《せき》や水田や畠の跡も発見され、東海西部系土器や北陸系土器が多数出土している。

さらに、周辺ではS字状台付甕《えすじじょうだいつきがめ》（以下、S字甕）をともなう遺跡がつぎつぎと発見されている。S字甕は尾張地方の低地部で出現した土器で、これを創り出した人たちは低地の開発を得意としていたようだ。埼玉古墳群周辺の開発にもこの末裔が加わり、広大な沖積地の開拓を成功に導いたのだろう。

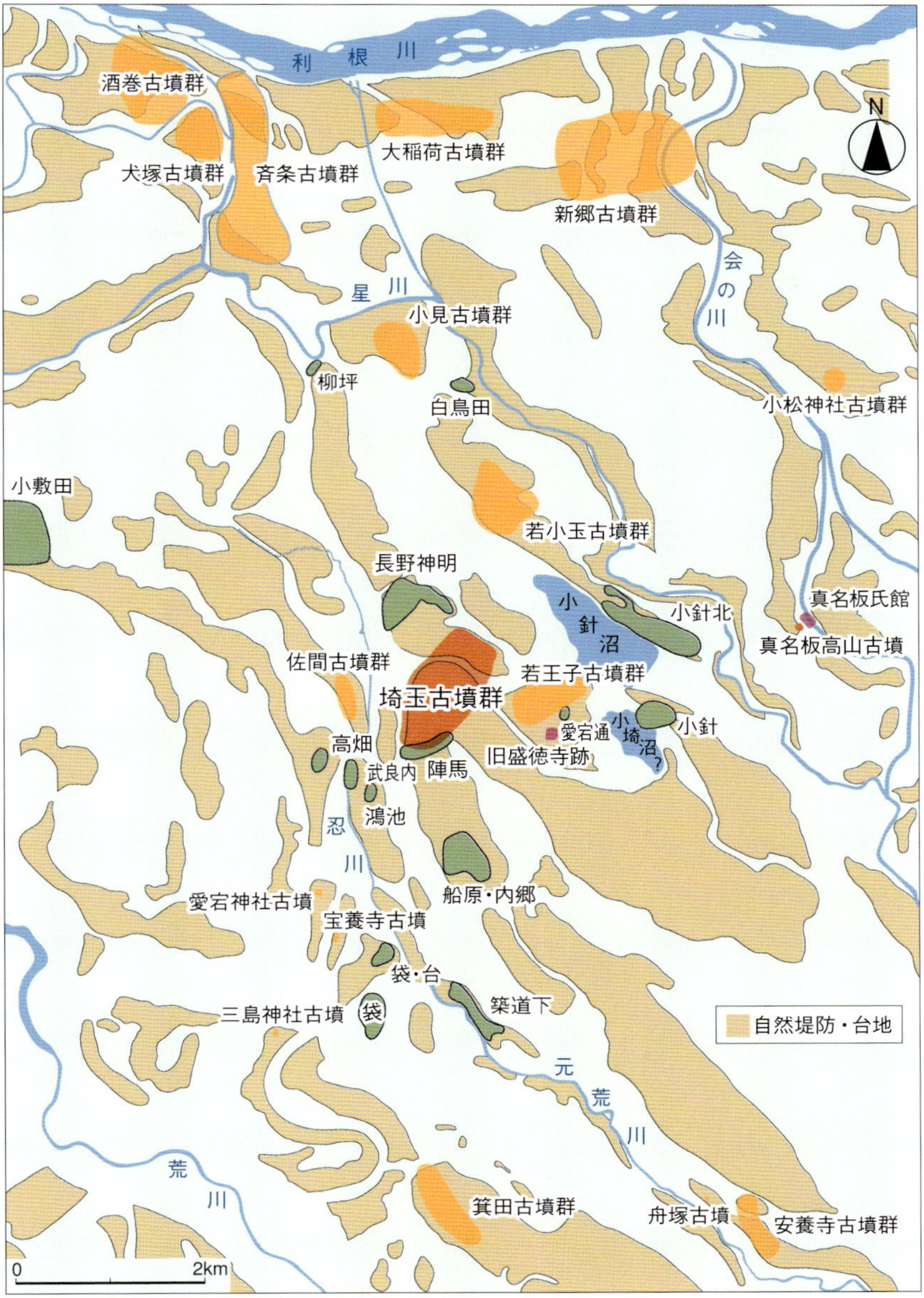

図 20 ● 埼玉古墳群周辺の遺跡
埼玉古墳群をとりまくように古墳時代前期の遺跡が存在する。
（橙）：古墳・古墳群、（緑）：集落跡、（赤紫）：寺院跡等。

埼玉古墳群近くでも、古墳時代前期の遺跡が数多く確認されている（図20）。沖積地域では洪水により何度も水をかぶるため遺跡は発見しにくいので、未発見の遺跡がなお多く存在するものと思われる。

そのなかで古くから注目を集めているのが、埼玉古墳群の西一キロに位置する高畑《たかばたけ》遺跡で、約幅三メートルの方形区画溝が発見された。遺構の規模全体を明らかにすることはできなかったが、溝は調査区域内で二六メートル直進することが確認されている。また、おびただしい量の土器が出土し、下層からは五領《ごりょう》式土器とともにS字甕が、上層からは和泉式土器や石製模造品などが出土した。

調査段階では方形周溝墓と判断したが、各地で豪族の居館《きょかん》跡が発見されて以降、豪族居館跡の可能性が高いといわれている。土器組成や土器が層位を異にして二時期存在することからも方形周溝墓とは考えにくく、居館跡と考えたほうが合理的である。埼玉古墳群を造営した首長たちの館跡の確認も、埼玉古墳群の研究課題のひとつである。

埼玉古墳群を形成した集団は、広大な沖積地の開発を成功に導き、古墳時代前期から着々と経済的基盤を築き、五世紀後半にはこうした基盤を背景に、河川交通の要衝でもある埼玉の地を墓域と定め、稲荷山古墳を造営したのである。

古墳群造営を支えた集落と埴輪窯跡

埼玉古墳群から南へ直線にして四キロ、元荒川の自然堤防上に立地する鴻巣市築道下《ちくみちした》遺跡は、埼玉古墳群形成とほぼ同時に出現した集落である。この遺跡からは古墳時代後期を中心に平安時代までの住居跡七八九軒、掘立柱《ほったてばしら》建物跡二三八軒などが検出された。

埼玉古墳群はつぎつぎと大型の前方後円墳を造営していったが、それには膨大な労働力を必要とする。埼玉古墳群の政治権力からみて、遠隔地からも労働力を徴発できたかもしれないが、多くは近隣地域の人たちが古墳の造営に従事したのだろう。築道下遺跡は埼玉古墳群を支えた集落のひとつだったのである。

同じ鴻巣市内で、築道下遺跡から少し元荒川を下ったところに生出塚《おいねづか》埴輪窯跡がある。この窯跡群は埼玉古墳群の成立とともに開窯され、埼玉古墳群に埴輪を供給した。これまでに四〇基ほどの窯跡と二軒の工房跡が確認されており、いまのところ東国最大の埴輪窯跡群である。生出塚埴輪窯跡群では六条突帯の円筒埴輪はもとより、八条突帯の円筒埴輪も焼かれていることから、埼玉古墳群には八条突帯の円筒埴輪が存在すると考えていいだろう。

通常、埴輪の供給は周辺の古墳に限られている。生出塚埴輪窯跡群も周辺の古墳に埴輪を供給しているが、国をこえて供給している点が大きな特徴で、千葉県松戸市の法皇塚《ほうおうづか》古墳（下総《しもうさ》国《のくに》）と同県市原市山倉《やまくら》一号墳（上総国《かずさのくに》）でもその製品が出土している。生出塚埴輪窯の埴輪は出来栄えがすばらしく、だれもが求めるブランド品だったと想定できるが、その流通には埼玉古墳群の一族が関与していたのである。

2　辛亥銘鉄剣の真相

埼玉古墳群が形成される基盤は在地にあった。すると当然、稲荷山古墳の被葬者は在地豪族となる。辛亥銘鉄剣とともに埋葬された人物も在地の豪族で、銘文の系譜からも乎獲居を在地豪族とする説は採用できない。天下を治めるのを補佐した畿内豪族の乎獲居のもとに、杖刀人として上番した埼玉出身の若者の活躍がめざましく、また武蔵の一大勢力に成長した埼玉古墳群一族との絆を強めるという政治的配慮から、乎獲居は辛亥銘鉄剣を下賜したのである。

ここで、乎獲居は歴代の系譜を刻ませた家宝ともいえる鉄剣を、なぜ地方豪族に与えたのかという疑問が湧いてくる。

獲加多支鹵大王銘が入った大刀《たち》が熊本県江田船山古墳から出土している。銘文には「杖刀人」に対応するかのように「典曹人《てんそうじん》名无利弖《むりて》」とある。典曹人はたんなる文官ではなく、大王の政務の一機関を統括した畿内の有力豪族で、杖刀人首と同様に大王を補佐した人物である。その人物が銘文の入った大刀を肥後の地方豪族に下賜したと解されている。

類似する銘文を有する刀剣が東西から出土しているが、この時期に地方豪族が中央の有力豪族と特殊な関係で個々に結びつき、その関係を維持するために有銘刀剣を下賜するという行為がおこなわれたとする白石太一郎の説は支持できる。

まさに、稲荷山鉄剣も地方支配の一形態として、中央の有力豪族である乎獲居から武蔵の豪族に下賜されたのであった。

3　古墳群の特徴と年代を解読する

つぎに、各古墳の概要を紹介し、あわせてその変遷を追ってみよう（図21）。

まず、埼玉古墳群の範囲について検討したい。稲荷山古墳の北北東三〇〇メートルの地点に白山《はくさん》古墳が存在する。現在では白山古墳を残し削平されてしまったが、およそ一〇基の円墳が確認されており、白山古墳群とよばれている。しかし築造当時、両古墳群を隔てる忍川《おしかわ》は存在せず、台地もつながっていたので、これを含めて埼玉古墳群としてとらえることができる。

また、近接する若王子《わかおうじ》古墳群は、一〇〇メートルをこえると推定される前方後円墳の若王子古墳と小円墳からなっている。だが、若王子古墳は埼玉古墳群の前方後円墳とは主軸方向がまったく異なり、台地も切れていることから、埼玉古墳群の終末に出現した別の古墳群とみることができる。

丸墓山古墳

全国一の円墳　径一〇五メートル、高さ一八・九メートルで、全国一の規模を誇る円墳で、古墳群でもっとも墳丘の高い古墳である（図22）。周濠は幅約三七メートルで、それを含めた規模は一七九メートルである。周濠は一重で、稲荷山古墳の周濠をわずかに避けている。

位置は台地の北西端にあり、東には稲荷山古墳、西は沖積地なので、周濠を二重にめぐらすことは不可能である。立地条件は決してよいとはいえないが、それでも与えられた条件のなか

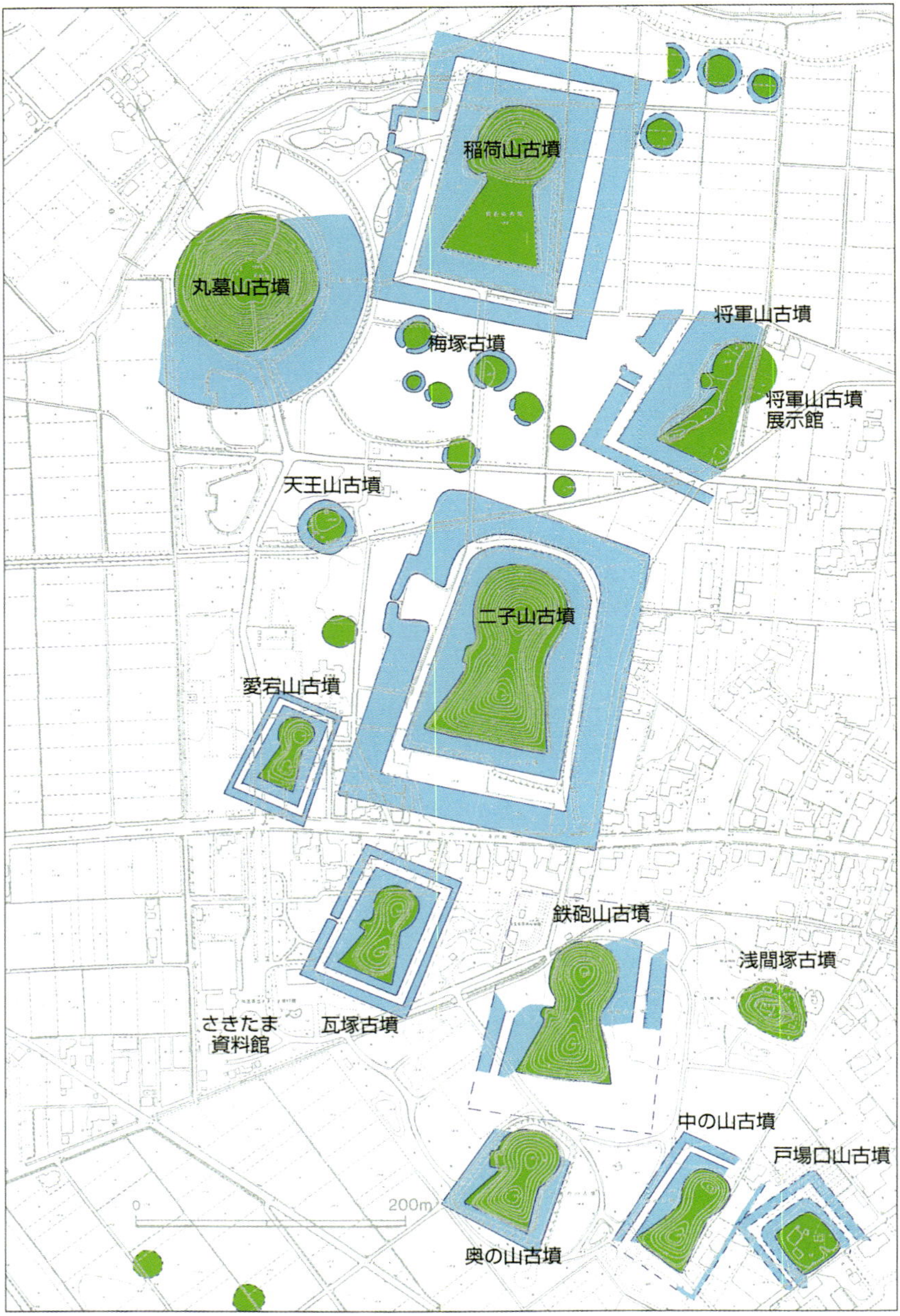

図 21 ● 埼玉古墳群の全体図（さきたま資料館〔現・さきたま史跡の博物館〕による復原図）

で、目一杯大きな古墳を築いている。墳丘の葺石《ふきいし》と思われる川原石が周濠の調査時に出土したが、その数は少なく、また墳丘部のトレンチでも葺石が確認できない個所もあるので、裾まわりに貼り付けた程度かもしれない。しかし、埼玉古墳群で墳丘に石を貼り付けた例は、丸墓山古墳だけである。

墳丘の傾斜度は二五度から二九度で、登ることは「至難」ないしは「不可能」に近い数値である。わたしはなんども階段を使って丸墓山古墳に登ったが、いつでも途中で一息入れたくなった。墳頂部は広く、墳径との比は〇・二九と、中《なか》の山《やま》古墳とともにもっとも大きな数値を示し、その広さから複数埋葬が想定できる。だが、一五九〇年（天正一八）石田三成《みつなり》が堤を築き、忍城を水攻めした時に、この古墳の頂上から陣頭指揮をしたと伝えられているので、改変された可能性もある。

もし、複数埋葬するとなると、二度目の埋葬時に棺を担いだ葬列がその傾斜を登るのは「困難・至難」であり、傾斜をゆるくするための掘り割り墓道を再度築く必要が出てくる。

年代　さて、古墳の年代であるが、埴輪以外の出土遺物が少なく、年代決定がむずかしい。二子山古墳

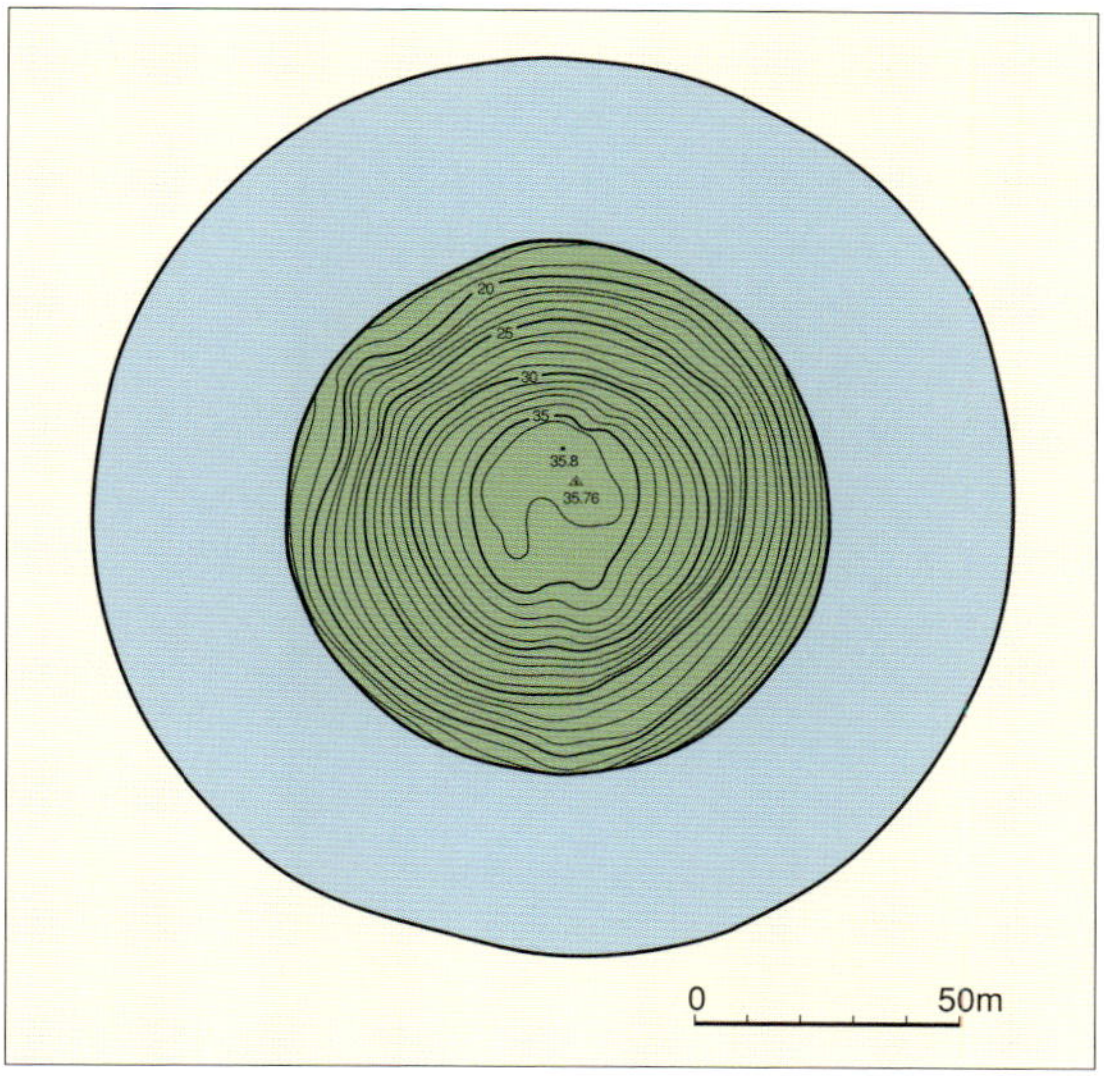

図22 ● 丸墓山古墳の復原図
周濠の幅がもっとも広く、古墳群最大の土量を誇る。造り出しの存在も予想される。

との前後関係も微妙である。丸墓山古墳では旧表土で榛名山二ツ岳の火山灰（FA）が確認されていることから、それが降下した六世紀初頭以降であることは明らかである。

一方、二子山古墳の周濠にFAが堆積している可能性が指摘されているが、正式には確認されていない。円筒埴輪の突帯は二子山古墳よりしっかりしており、古い様相を示すことから、丸墓山古墳の年代をFA降下直後の六世紀初頭に位置づけたい。

丸墓山古墳では造り出しが確認されていない。なんらかの理由で前方後円墳を築けなかったとしても、土量は古墳群でもっとも多いことから、造り出しが存在する可能性がある。そこで土器が出土すれば、よりたしかな年代が割り出せると思うが、これは将来の課題である。

なぜ円墳か

これには研究者も頭を痛めているが、これといった決定打は見出せない。この謎に挑戦した見解を紹介しよう。吉川國男は、雄略天皇一一年（四六七）十月の条の記事に注目した。つぎのような概要である。

「鳥の司《つかさ》の鶏が菟田《うだ》（現在の奈良県宇陀《うだ》郡）の人の犬にかみ殺された。雄略天皇は怒ってその人の顔に入れ墨をして鳥養部《とりかいべ》にした。宮廷に待宿していた信濃国の直丁《つかへのよぼろ》と武蔵国の直丁がわが国には鳥なんかいくらでもいる。それなのに天皇は一羽の鶏のために入れ墨を入れさせた。道理もなく、悪行である。それを聞いた天皇は、直丁に鳥を集めさせたが、すぐに集めることができなかったので、彼らを鳥養部にした」

武蔵国造《こくぞう》の姓は直《あたい》であることから、直丁は国造の子弟と解することができる。その子弟が雄略天皇を誹謗するという不祥事をしでかしたので、本人または父親は前方後円墳を築けなかったと考えるのである。

坂本和俊は、丸墓山古墳は当初大王墓に匹敵する前方後円墳を築こうとしたが、大王の権威をないがしろにするので認められなかったと考える。しかし、埼玉古墳群の多くの前方後円墳は、後円部と前方部の比は一対一なので、墳長は二〇〇メートルをこえることになるので、前方後円墳の造営を目論んでいたとは考えがたい。また、葺石の存在から児玉地方や群馬県域の首長の協力があり、また両地域の支援を得て首長に就任したという。坂本は、丸墓山古墳を二子山古墳より新しくみるので、丸墓山古墳の被葬者を五三四年の武蔵国造職をめぐっての争いに破れた同族の「小杵《おぎ》」と想定し、そのために前方後円墳を築くことができなかったと考えるのである。

寿陵《じゅりょう》として生前に前方後円墳を造営するなら、後円部のみを先行して造営した点が解せない。結局、大円墳造営の謎はいまだ解けない。

二子山古墳

埼玉古墳群内で最大　墳丘長一三八メートル、後円部高一一・三メートル、前方部高一四・九メートルの前方後円墳で、埼玉古墳群内で最大規模の古墳である。墳丘は二段築成と思われ、周濠は不正長方形の二重周濠で、全長約二五〇メートルを測る（図23）。不正形の要因は不明であるが、将軍山古墳との間に円墳が存在し、それを避けたとも考えられる。

後円部の傾斜度は二二度から二七度で、前方部は二七度、傾斜度はきつく登ることを拒否している。一方、隅角は左右一六度で、もっともゆるい傾斜となっている。墳頂比は〇・一四で、墳頂部平坦が狭いことを示し、前方部から後円部への傾斜度は二四度で、両者あわせて複数埋葬を拒否しているかのようである。

造り出し　造り出しは後円部北西側くびれ部に接して存在し、その大きさは幅二〇メートル、突出部は九メートルほどである。周辺から須恵器甕・壺・𤭯・器台・高坏が出土した。

張り出し　張り出しは稲荷山古墳より発達し、基部幅三一メートル、先端幅は四三メートル、突出部は二八メートルの台形である。

円筒埴輪　円筒埴輪は六条突帯の可能性がある一メートルをこえる大型で、現在古墳群で最大規模の円筒埴輪である。また、透かしは稲荷山古墳と同じく方形・半円形がある。

築造年代　さて、築造年代であるが、須恵器はＴＫ47型式からＭＴ15型式の特徴を示してい

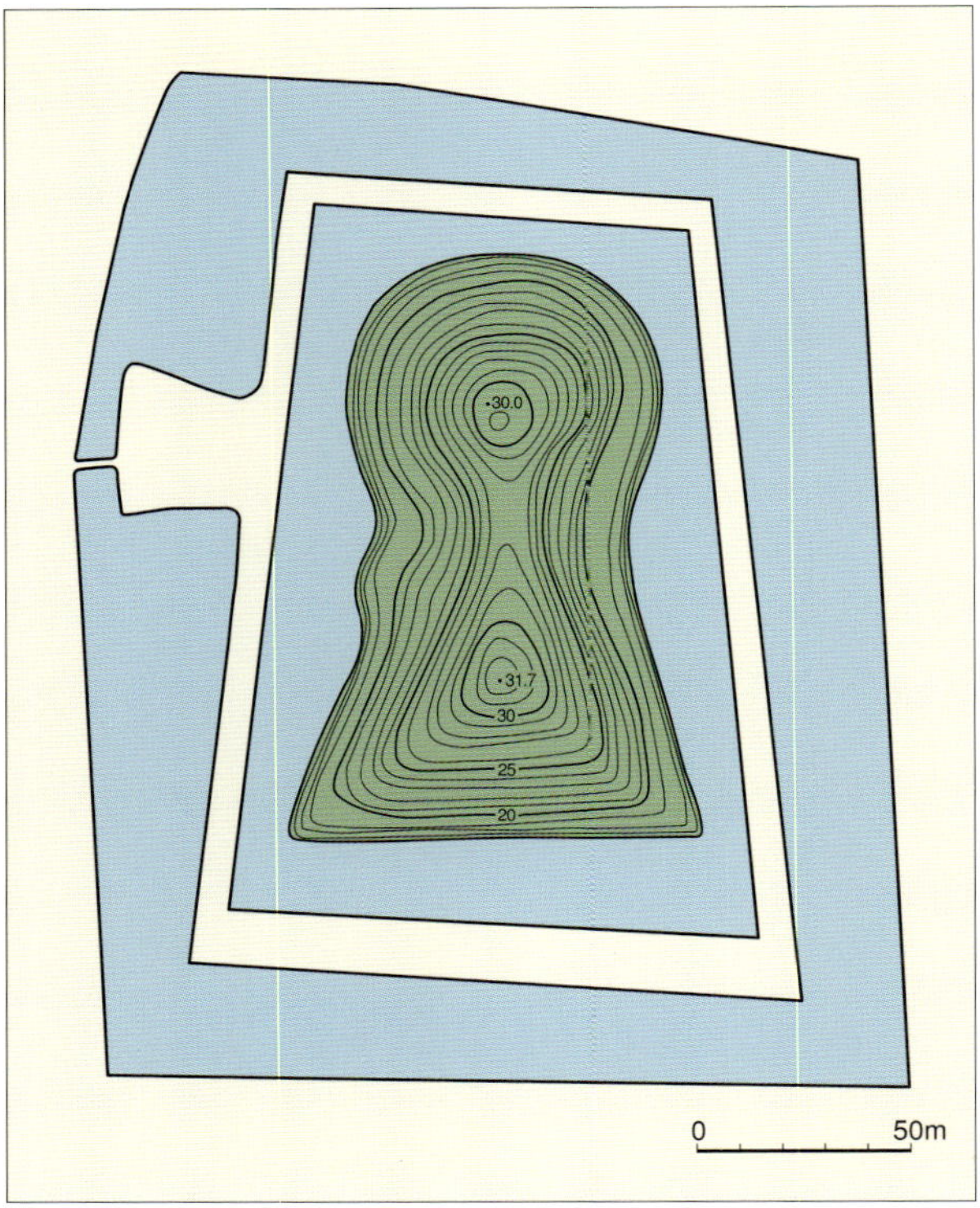

図23 ● 二子山古墳の復原図
中堤が狭いのが特徴。これは土量を確保するためか。

ることから、六世紀前半とすることができる。二子山古墳は丸墓山古墳のつぎに造成されているが、前方後円墳であることから稲荷山古墳に続き首長権を継承した人物の墓と考えることができる。

愛宕山古墳

墳　丘　墳丘長五三メートルの古墳群内最小の前方後円墳で、周濠を含めた大きさも八〇メートルほどである。後円部高三・四メートル、前方部高三・三メートルと墳丘も低い。墳頂比は〇・三七と古墳群でもっとも大きい数値で、後円部傾斜度は二一度、前方部二五度で、右隅角は一五度である。

周　濠　小型前方後円墳であるが、周濠は長方形の二重周濠である。しかし、大型前方後円墳にみられたような造り出しと張り出し

図 24 ● 愛宕山古墳の復原図
古墳群最小の前方後円墳。調査範囲が狭いので、
全体の復原は現時点では困難。

は存在しないようであり、構造上の相違が顕著にみられる（図24）。

円筒埴輪　円筒埴輪は四〇センチ台の小型品、六〇センチ台の中型品があり、これらは三条突帯である。多条突帯は存在するが、その数は少ないようだ。多条突帯と方形透かしに類似するものが二子山古墳に存在するので、築造年代は二子山古墳と時間的に接近した六世紀前半から中頃に比定できる。

瓦塚古墳

墳　丘　墳丘長七三メートル、後円部高五・一メートル、前方部高四・九メートルの中型の前方後円墳である。墳頂比は〇・二一で、後円部傾斜度は二五度前後、前方部は二一度、左隅角は一六度である。

周　濠　長方形の二重周濠で、周濠を含めた大きさは一一五メートルが推定される。

造り出し　造り出しは前方部の左くびれ部に接してあり、幅八・二メートル、突出部六・五メートルの規模をもつ。張り出しは存在せず、幅二メートルほどの陸橋が存在するだけである

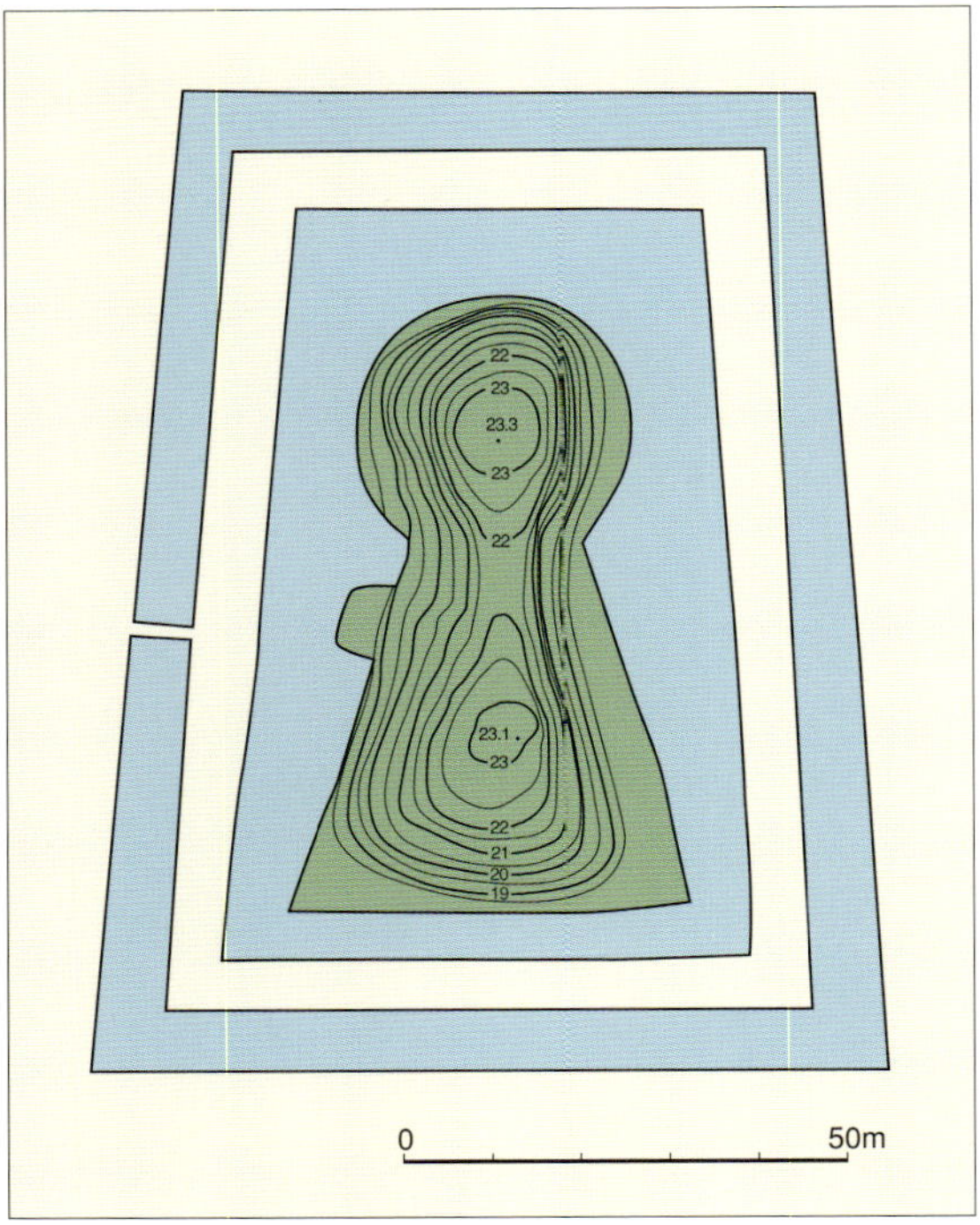

図 25 ● 瓦塚古墳の復原図
中堤張り出しは存在しないが、陸橋が存在。

（図25）。造り出しからは、土師器坏・鉢・坩《かん》、須恵器高坏・器台・壺・大甕・甕・提瓶《さげべ》などが出土した。ここで飲食物供献儀礼がおこなわれたことが想定できる。

なお、これらの須恵器はMT15型式からTK10型式の特徴を示していることから、六世紀中頃の築造と考えていいだろう。

多彩な埴輪　円筒埴輪は高さ六〇センチ台と八〇センチ台の四条突帯が出土している（図26）。形象埴輪は陸橋の近くの中堤で集中して出土した。その内容は、家四、人物二六、馬六、水鳥二、犬二、鹿一、大刀三、盾五の四九体である（図27〜31）。

若松良一は埴輪の接合関係からそれらの原位置を図32のように復原した。

Aグループは武人・巫女、両手を前につきだし何かを捧げる女子（図30）からなる儀式を司る群像。

Bグループは円柱づくりの吹き抜けの家（舞台、図27）のほか二棟の家、弾琴の男子（図29）と女子からなる歌舞音曲群像。

Cグループは一棟の寄棟の家（図28）と武人と盾（図31）で家を厳重に警護する集団。

図26 ● 瓦塚古墳出土の円筒埴輪
高さ68cm。4条突帯で、透かしは円形のみ。突帯は稲荷山古墳にくらべると低くなり、退化しつつある形態を示している。

図 29 ● **琴を弾く男埴輪**
高さ 83cm。琴は葬送儀礼に欠かすことができない楽器のひとつだ。

図 27 ● **家形埴輪**
高さ 78cm。吹き抜けの建物で、葬送儀礼のための歌舞音曲の舞台や楼閣とする説がある。

図 28 ● **家形埴輪**
高さ 87cm。屋根に豪族の家の象徴である堅魚木がのっている。舞台の後方から出土していることから、殯屋に想定する説もある。

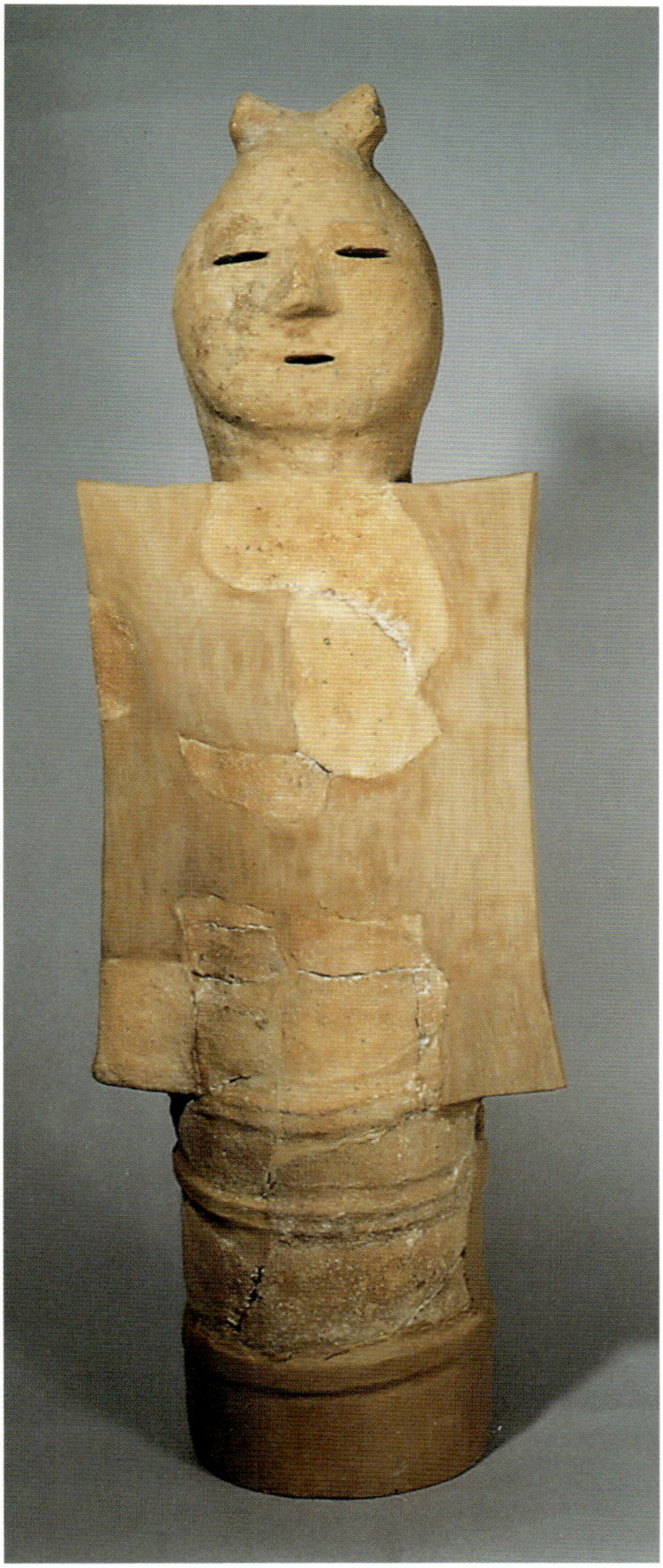

図 31 ● **盾をもつ男埴輪**
推定 85cm。家形埴輪の前から出土。
首長の家を警護していたのだろうか。

図 30 ● **捧げ物をする女埴輪**
高さ 72cm。この種の埴輪も多い。亡き
首長の霊に何を捧げたのであろうか。

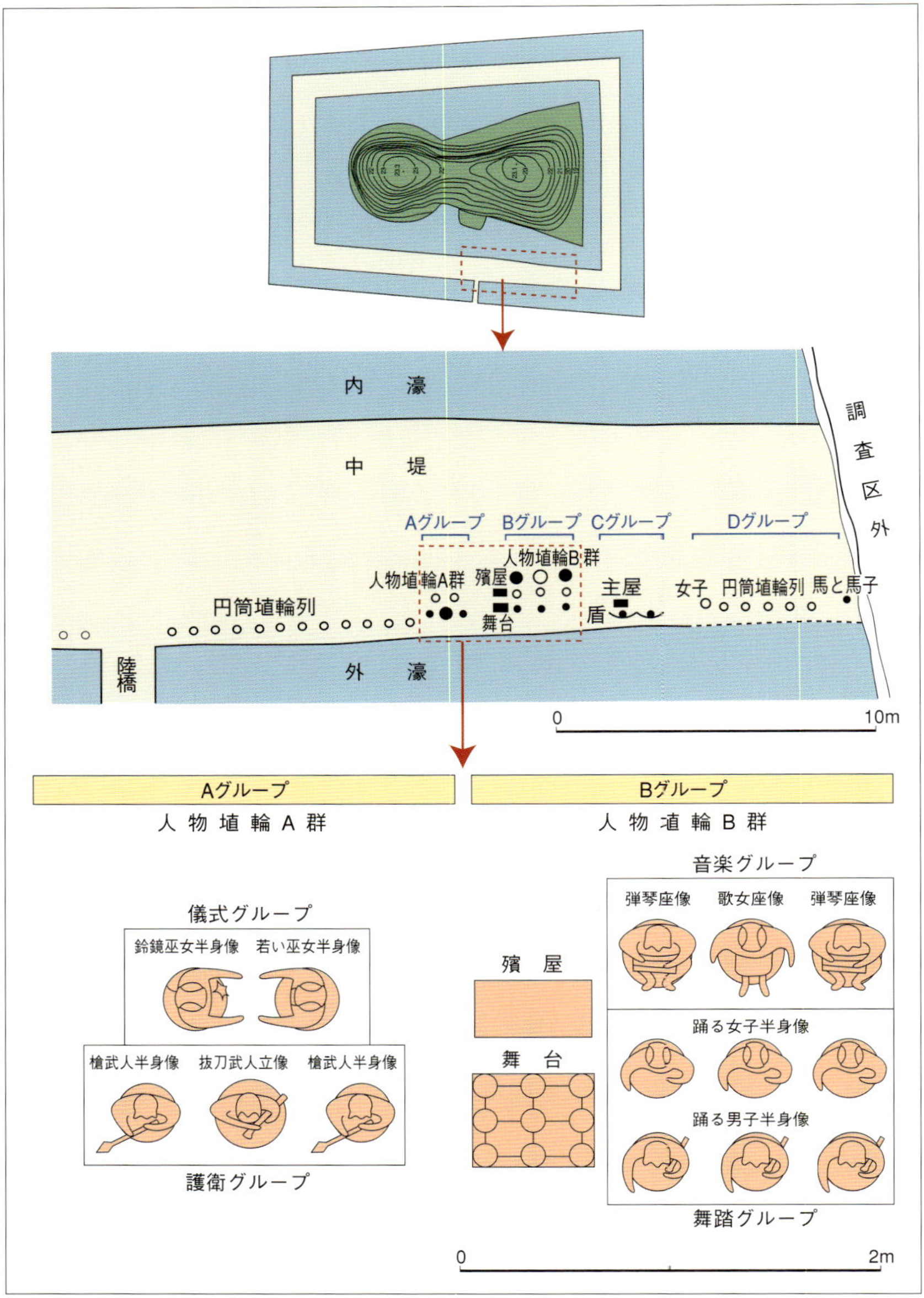

図32 ● 瓦塚古墳の埴輪配置の復原図
中堤での埴輪の配置がわかる貴重な例。
何を表現しようとしたのだろうか。

Dグループは馬と馬子、水鳥（白鳥）からなる狩りの場と馬列の群像で、これら埴輪群は死者の再生を願う殯《もがり》の様子を表現したと考えた。

奥の山古墳

墳　丘　全長七〇メートル、後円部高六・八メートル、前方部高七・四メートルの前方後円墳で、前方後円墳では唯一の一重周濠である（図33）。周濠を含めた大きさは九六メートルとなる。後円部傾斜度は二〇度から二二度、前方部は二六度で、右隅角は一七度、左隅角は一九度と、これまでの古墳と相違し、左隅角がきつい角度を示している。墳丘比は〇・二一である。造り出しは後円部北西側くびれ部に接してある。

周　濠　周濠はトレンチ三

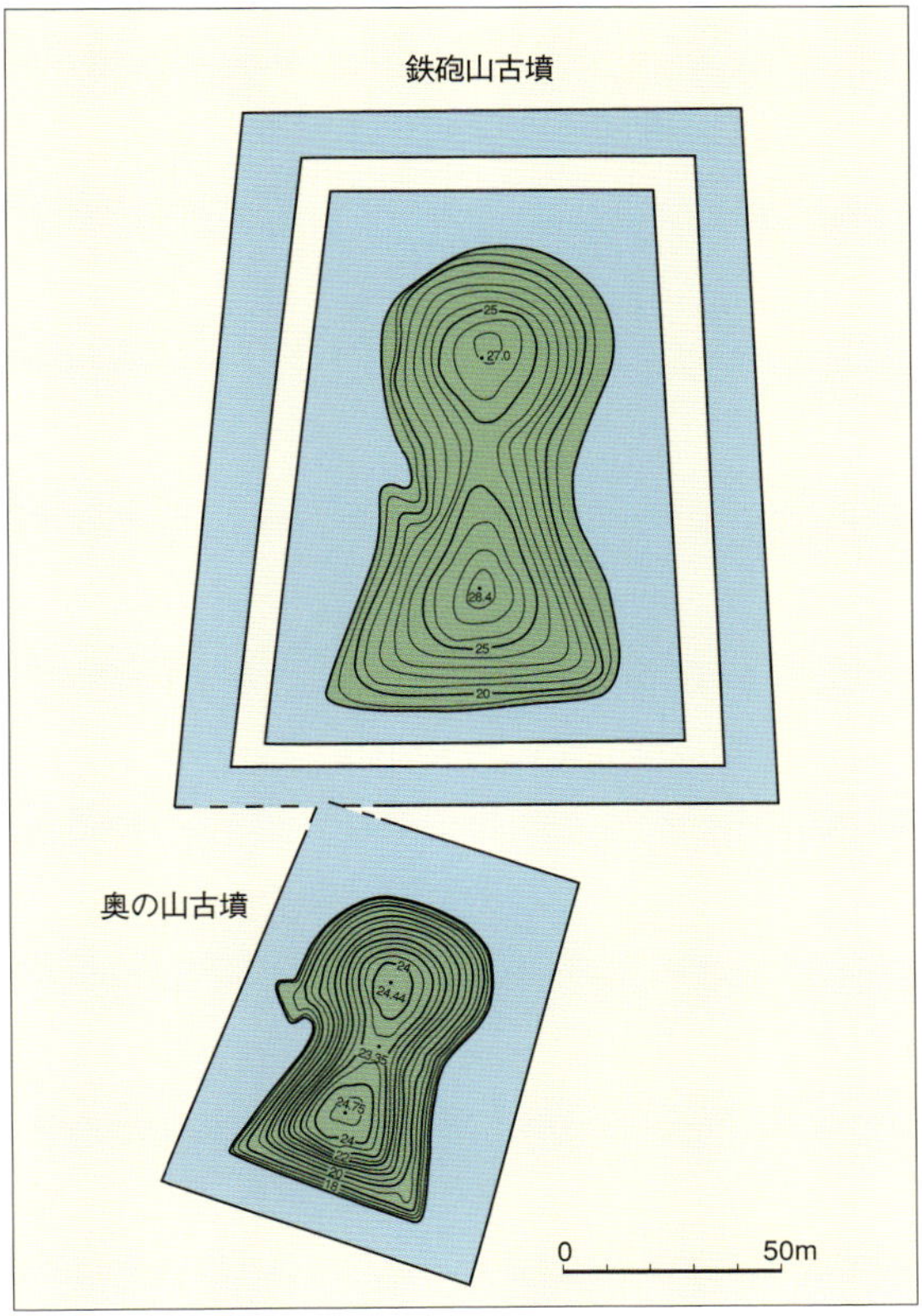

図33 ● 奥の山古墳・鉄砲山古墳の復原図
奥の山古墳の周濠の形態は不明であるが、他の古墳の例から長方形と考えられる。鉄砲山古墳には張り出しの付くものと思われる。

本の調査なので、実際の形状は不明であるが、古墳群の周濠は長方形で貫かれていることから、同様の形態とみていいだろう。

埴　輪　円筒埴輪は三条突帯で、形象埴輪は弾琴、騎馬男子、武人、瓦塚古墳と類似する吹き抜け家の円柱部、大刀、盾、靫、鹿、馬などが出土している。

須恵器は出土しているものの、小破片なので年代を決定するまでに至らないが、円筒埴輪から六世紀の中頃でも早い段階が考えられている。

鉄砲山古墳

墳丘長一〇九メートル、後円部高九メートル、前方部高一〇・一メートルの前方後円墳である。周濠は長方形の二重周濠で、全長一六三メートルと推定される（図33）。前方部周濠は他の部分にくらべて狭いが、すでに奥の山古墳が造営されていたので、それを避けた結果である。

後円部の傾斜度は二四度前後、前方部二六度と登坂が「困難」ないし「至難」の数値であるが、隅角は右一七度、左一五度と、左隅角がこれまでの古墳同様もっともゆるい角度を示している。また、墳頂部比も〇・一三と埼玉古墳群ではもっとも低い数値である。

造り出しは前方部北西側のくびれ部に接した位置にあるが、張り出しの存在は不明である。一〇九メートルという古墳の規模を考えると、存在すると思われる。

調査は前方部と後円部の周濠の一部だけであるので、出土遺物は少ないが、推定八七センチほどの六条突帯の円筒埴輪が出土している。その他、土師器と須恵器が出土しており、須恵器はMT85型式の特徴をもっていることから、六世紀中頃から後半と考えられる。

将軍山古墳

墳　丘　墳丘長九〇メートル、後円部は破壊されているので高さは不明であるが、前方部高は一〇・一メート

図 34 ● 将軍山古墳の復原図
張り出しは開放的で、その脇に陸橋が付くのが特徴。

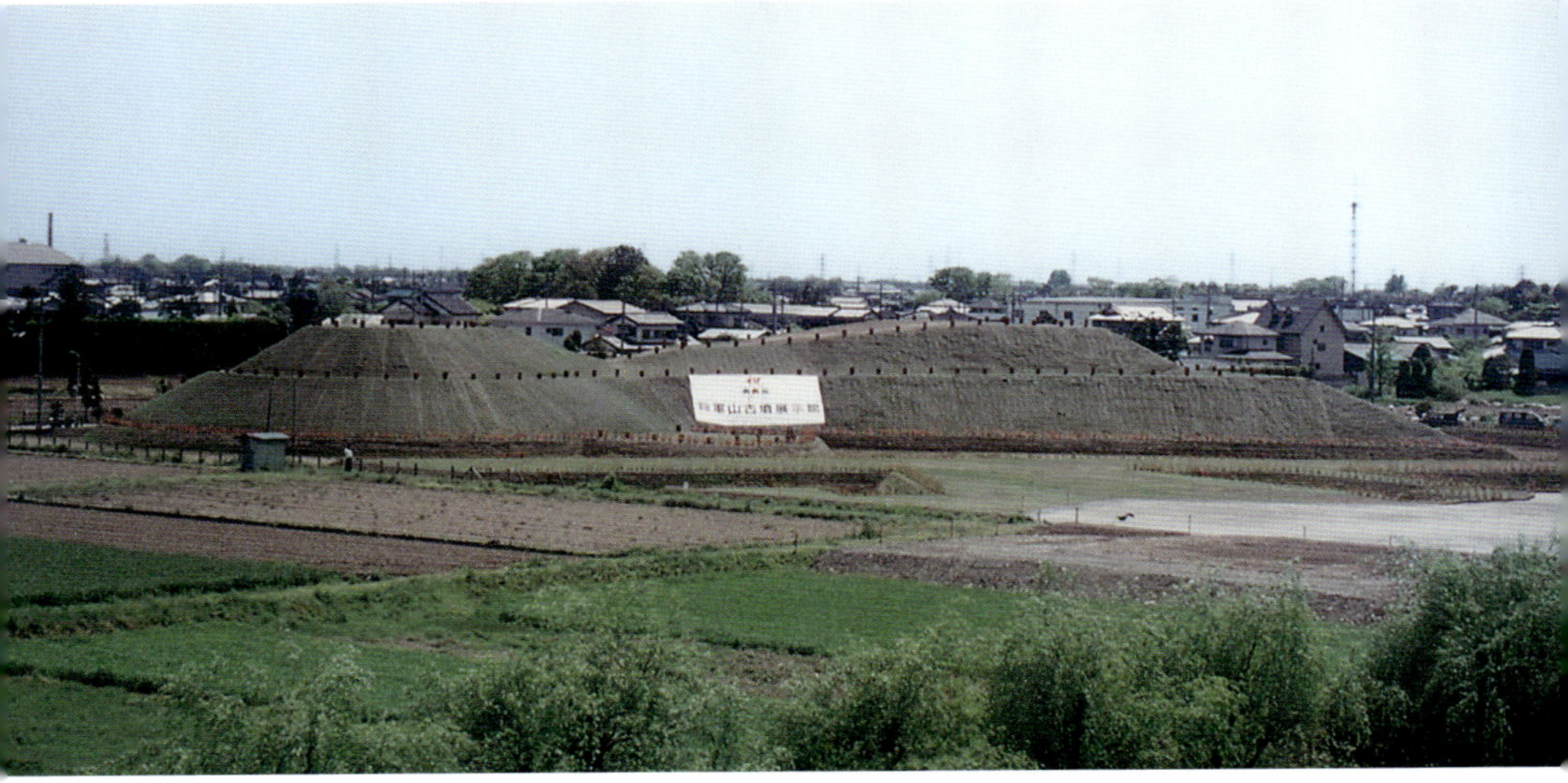

図 35 ● 復原された将軍山古墳
埼玉古墳群で、埴輪の樹立も含め、最初に復原された古墳。

ルの前方後円墳である。周濠は二重周濠で全長一八〇メートルが推定される（図34、35）。

墳丘は二段築成である。後円部傾斜度は三一度前後、左隅角は一段目二二度、二段目一五度である。一段目は古墳群でもっともきつい傾斜であるが、横穴式石室のため墳丘に葬列が登る必要はないので問題はない。また、後円部径は三九メートルに対し、前方部長は六八メートルと前方部が長く、その比は一・七である。しかし、他の古墳の後円部と前方部との比は一から一・三の範囲に収まることから、他とは異なる企画によってつくられたことがわかる。

円筒埴輪　円筒埴輪は六〇から七〇センチ台の大きさの四条突帯で（図36）、これらは一・七メートル間隔で墳丘に樹立されていたことが確認できた。

造り出し　墳丘北西側の後円部のくびれ部に接して位置している。造り出しは他のものと比

図36 ● 将軍山古墳出土の円筒埴輪
高さ57.1cm（右端）。3条突帯と4条突帯の朝顔形埴輪と円筒埴輪。突帯は全体に退化し扁平になっている。

較して大きく、幅一三メートル、奥行き一三メートルある。この周辺から須恵器䫋（図37）・高坏・提瓶・長頸壺・壺・大甕、土師器坏、円筒埴輪や形象埴輪の盾、靫などがまとまって出土した。

張り出し　墳丘の左側にあり、その形状は墳丘側で一五メートル、外側で二六メートル、突出部二二メートルの外に広がる台形である。外濠はめぐることなく、全体がそのまま外部へとつながるが、その南側にも幅二メートルの陸橋が存在する。この周辺からは盾もち人物（図38）、家・馬の埴輪と土師器坏などが出土した。

横穴式石室（第一主体部）　玄室幅二メートル、長さ三・二メートルの右片袖の石室で、羨道幅は一メートルである。側壁にはいわゆる「房州石」が積まれ、天井石は緑泥片岩《りょくでいへんがん》が使われた。

副葬品　さきたま資料館の調査で、破片ではあるがつぎのような遺物が出土した。

図37 ● 将軍山古墳出土の須恵器・䫋
高さ17.4cm（左端）。酒を注ぐための容器で、造り出しから出土。酒を亡き首長に供献したのであろうか。

図 38 ● **将軍山古墳出土の盾をもつ男埴輪**
高さ 83cm。恐ろしい顔をして、古墳に近寄る悪霊を追い払おうとしている。

〔装身具〕耳環、ガラス玉、銀製空玉《うつだま》
〔武器・武具〕鉄鏃、大刀、捩《ねじ》り環頭《かんとう》金具、
金銅製刀装具、銀製大刀柄《たちつか》、挂甲
〔馬　具〕鉄地銀装飾金具、鞍金具、鈴、
辻金具、帯金具
〔土　器〕須恵器高坏

一八九四年（明治二七）に出土した資料は六個所に分散したが、さきたま資料館の追跡調査によってその全容が把握できた。

〔装身具〕金銅製耳環二、金製勾玉一、金製平玉《ひらだま》三五、ガラス小玉《こだま》一九九以上、乳文鏡《にゅうもんきょう》一
〔武器・武具〕環頭大刀一（図39）、銀装大刀四（象嵌刀柄装飾金具付二）、直刀数本、三輪玉五（水晶製三、金銅製二）、鉄矛四以上、鉄鏃多数、衝角《しょうかく》付冑一、挂甲一
〔馬　具〕金銅製鏡板付轡一、素環鏡板付

図39 ● 将軍山古墳出土の環頭大刀
環の中には3単位のパルメット（忍冬文）が、そのまわりには2頭の竜が描かれている。

図40 ● 将軍山古墳出土の金銅製棘葉形杏葉
環頭と同様のパルメット文。本来は鉄地金銅張りの板にとりつけられていた。

轡一、金銅製棘葉《きょくよう》形杏葉五（図40）、銅製八角稜《はっかくりょう》鈴三、銅製鈴三、金銅製鈴五以上、金銅製雲珠一、金銅製辻金具一三以上、金銅製帯金二、鉄製鐙《あぶみ》二組、鉄地銀張飾金具二、鞍金具一組、鉸金具二、蛇行状《だこうじょう》鉄器二（図41）、馬冑一（図42）

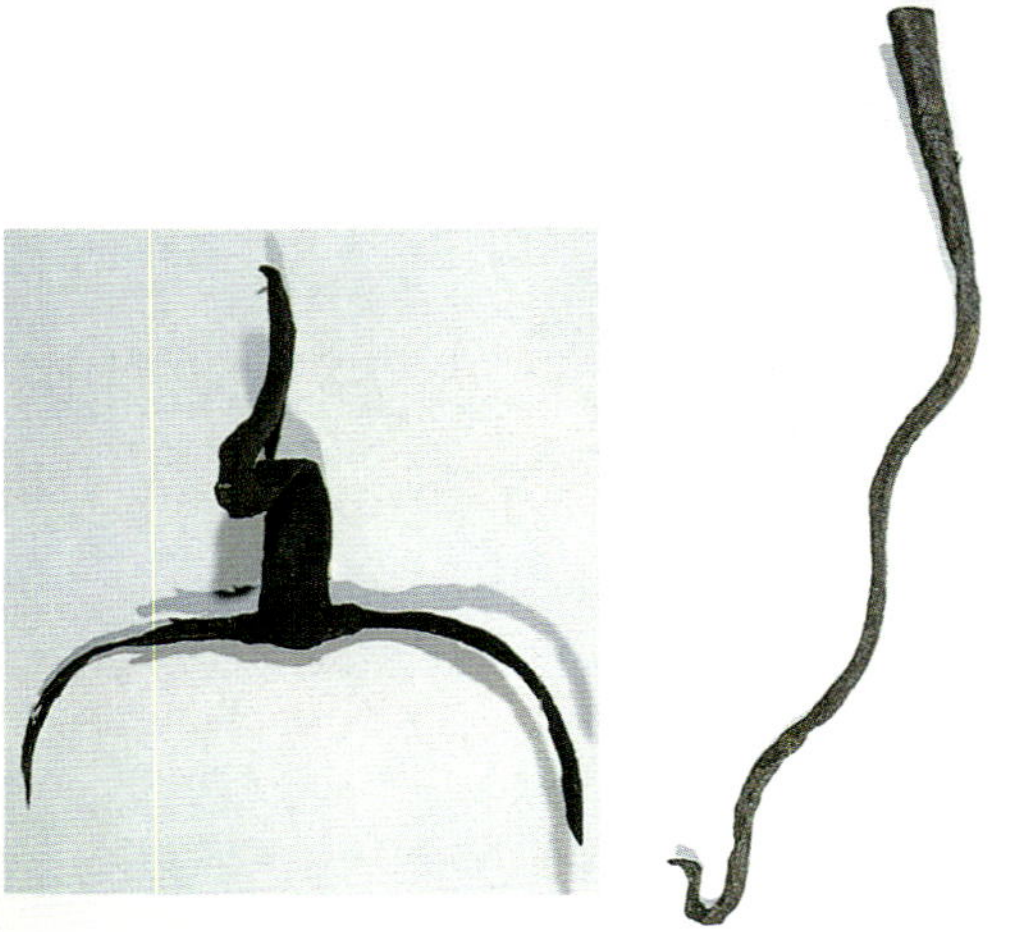

図 41 ● 将軍山古墳出土の蛇行状鉄器
その名のとおり、蛇行している鉄器。図 43 の埴輪の出土で使用法が判明した。

図 42 ● 将軍山古墳出土の馬冑
威風堂々とした様子が目にうかぶ。朝鮮半島製。

〔工　具〕鉄斧一
〔容器類〕高台蓋付銅鋺一、銅鋺二、石製盤《ばん》一、須恵器高坏一
〔用途不明飾金具・鉄器〕金銅製筒状飾金具一、金銅製袋状飾金具四、鉄器四

このように豪華な副葬品が多種多量に出土しているが、圧倒的に武器・武具と馬具が多いことから被葬者は武人を想定できる。蛇行状鉄器は用途不明であったが、行田市酒巻《さかまき》一四号墳から鞍に旗竿をつけるための装置をあらわした馬の埴輪が出土したことにより、その用途が判明した（図43）。

蛇行状鉄器は全国で八例あるが、二例が将軍山古墳からの出土で、馬冑は将軍山古墳以外に和歌山県大谷《おおたに》古墳から出土しているだけである。馬冑は朝鮮半島で多く出土しており、製作技法から朝鮮半島産といわれている。

なお、銅鋺（図44）は仏具

図43 ● 酒巻14号墳出土の馬形埴輪
蛇行状鉄器の使用法を具体的に示した画期的な資料。

のひとつである。これらの出土遺物は、被葬者が朝鮮半島産の文物や仏教という最新の思想に接する立場にいたことを物語っている。被葬者はたんに武人だけではなかったのである。

第二の埋葬施設　前方部から木棺を直接埋葬した墓壙が確認された。墓壙は東西二・三メートル、南北一・五メートル、深さ九〇センチで、両小口に緑泥片岩を置き、その上に長さ一八〇センチ、幅五〇センチの木棺を安置し、粘土と緑泥片岩で棺を安定させていた。

副葬品は一六八個のガラス玉だけであった。横穴式石室とくらべると雲泥の差である。副葬品から被葬者は、横穴式石室に葬られた人物と血縁関係にあった女性が想定できる。

さて、将軍山古墳の造営年代は、出土須恵器がＴＫ43形式の特徴を示していることから、六世紀後半に比定できる。

図 44 ● 将軍山古墳出土の銅鋺
銅鋺は仏具のひとつ。この時期、東国にも仏教が普及していたことを示している。

将軍山古墳展示館開館秘話

将軍山古墳は破壊されていることを逆手にとり、墳丘の内部に展示館を設け（図45）、一九九七年四月二八日に開館式典がおこなわれた。

じつは、その一週間ほど前から大雨が断続的に降りつづき、式典数日前にくびれ部付近が大幅に崩れてしまった。

墳丘に配列した埴輪も周濠に落ちてしまった。式典の場所は古墳時代の儀式にのっとり張り出しに設定したので、崩壊場所は参加者の正面となる。われわれ職員はあわてた。一方では「なるほど、埴輪はこうして周濠に落ち込むのか。千年以上も雄姿を保つにはそれなりの工法をとらないとダメか」と覚めた研究者の目でも見ていた。

職員のなかに知恵者がいて、その個所に大きな幕を張ることを思い付き、早速注文。どうにか式典に間に合った。図35に白くみえる幕には「祝　将軍山古墳展示館」と書いてある。式典に参加した方々は式典のための幕と思い、その内情には気づかなかったと思う。式典の日も大雨。式典の最中に再度崩れたらどうしようと胃の痛む思いであったが、無事終了した。

図45 ● 将軍山古墳展示館
古墳の中に展示室があり、復原された
横穴式石室や副葬品などが見学できる。

中の山古墳

墳丘長七九メートル、後円部高五・一メートル、前方部高五・五メートルの前方後円墳である。周濠は二重周濠で、全長は一一六メートルが推定される。周濠の形状は調査面積が少なく確定できないが、剣菱形に復原する案もある（図46）。造り出しなどは存在しないと思われる。傾斜度は後円部一七度から二二度、前方部一八度、右隅角一二度と古墳群ではもっとも低い数値を示している。

この古墳の特徴は、底部を穿孔した須恵質埴輪壺と須恵質朝顔形円筒が出土している点である（図47）。須恵質埴輪壺の産地は寄居《よりい》町末野《すえの》窯跡群であることが判明しているが、一部の須恵質朝顔形円筒の胎土には、比企《ひき》地方の製品にみられる白色針状物質が入っていることから、これらは比企地方で焼かれた可能性も指摘されている。この古墳の造営時期はすでに埴輪生産は終了しているので、窯場にその代替品を発注したのであろう。

須恵器の年代が六世紀末から七世紀初頭であり、将軍山古墳より後出であることから横穴式

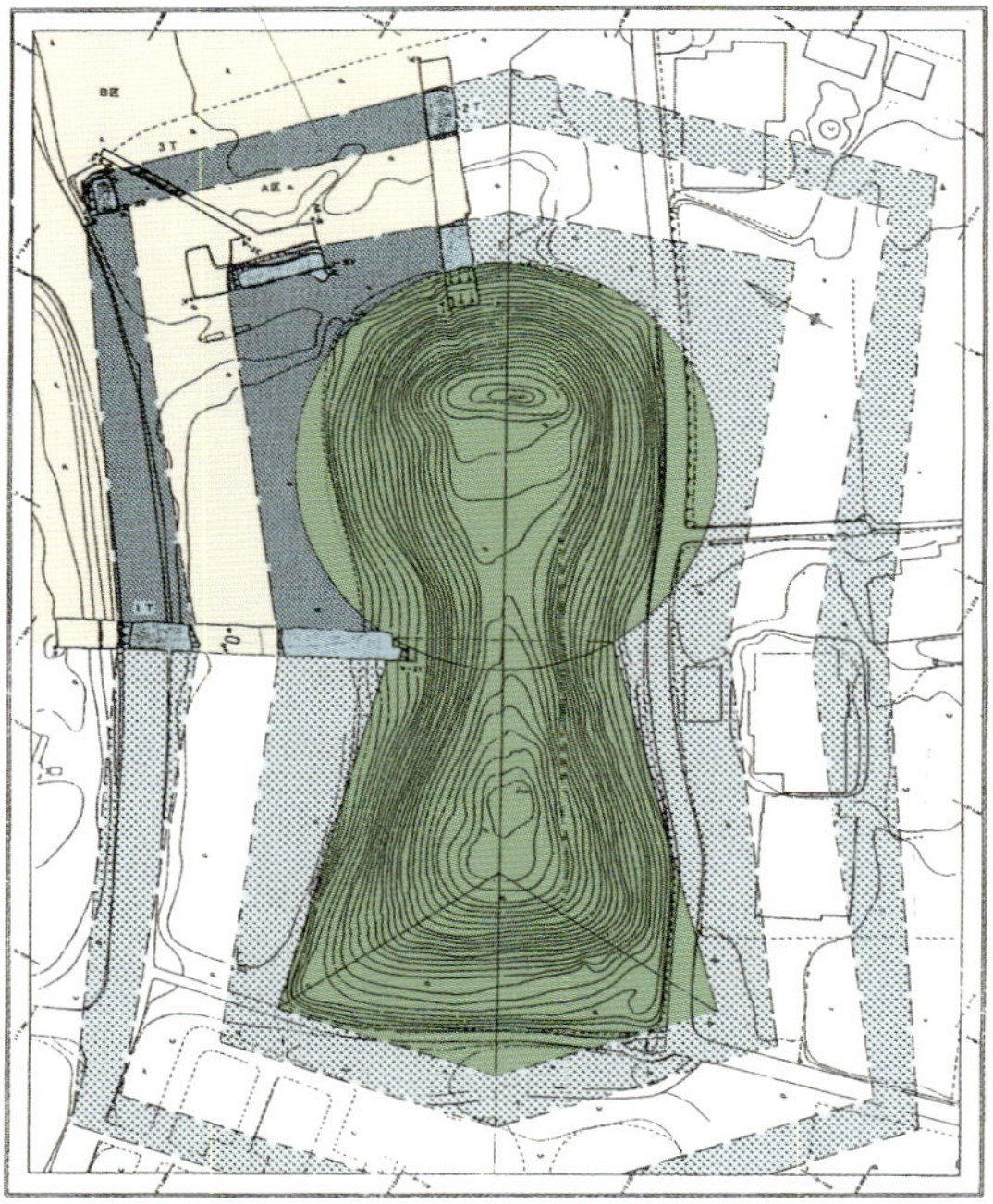

図46 ● 中の山古墳の復原図
調査範囲が狭く、確定した復原図を示すことは困難。この図も案のひとつ。

古墳と判断してまちがいない。また、本古墳は別名「唐櫃山《かろうとやま》」とよばれているが、長方形の「唐櫃《からびつ》」は横穴式石室に似ていることからこの名称が付けられた。

戸場口山古墳

大正年間の土取りによって消滅したが、周濠の確認調査の結果、一辺四〇メートルで、二重の周濠をもつ方墳であることが判明した。周濠を含めた大きさは八三メートルである。

周濠は中の山古墳と重複している個所があり、本古墳が中の山古墳の周濠を切っていることが確かめられた。

墳丘の高さは四メートルほどあったという言い伝えがあり、掘り出された石は畳二、三枚分の大きさであったというから、天井石は緑泥片岩であったとみてよい。また、確認調査の際に側壁に使用されたと思われる凝灰質砂岩が出土している。

周濠から出土した須恵器の壺から、築造年代は六世紀末から七世紀初頭に比定できる。

図47 ● 中の山古墳出土の須恵質埴輪壺
推定47cm（左）。埴輪が消滅した後につくられた須恵質の埴輪。全国的にもめずらしい。

小円墳群

埼玉古墳群は大型前方後円墳に目が奪われがちだが、小円墳が四〇基近く存在する。小円墳はほとんど削平されてしまったが、未確認の円墳もまだ存在するだろう。円墳では浅間塚《せんげんづか》古墳が五〇メートルと丸墓山古墳の半分の規模であるが、その他は三〇メートル以内で、小型のものは一二メートルほどである（図48）。

これまでに八基の円墳が調査されているが、人物埴輪をともなうものは少なく、また形象埴輪も少ない（図49）。円筒埴輪は二条突帯の四二センチ前後の小型のものである。同じ古墳群でも、前方後円墳とは大きな相違がみられる。

これら円墳群は、出土土器から稲荷山古墳が造営された直後の六世紀前半から継続して造営され、被葬者は埼玉古墳群を造営した一族にかかわる者が想定できる。

稲荷山古墳以降の古墳時代に限れば、埼玉古

図48 ● 小円墳跡
植栽によって表現されている小円墳跡。
写真左の大きな植栽が梅塚古墳跡。

墳群内には古墳以外の遺構はまったく存在しないので、墓域として徹底的に管理されていたことがわかる。

消滅した前方後円墳

明治一六年陸軍省作成のフランス式彩色地図をみると、奥の山古墳の西北西四四〇メートルの地点に古墳のマークが存在する（図50）。また、一九三〇年の地籍図をみると、その地点に埼玉古墳群と同じ方向の前方後円墳状の区割りが存在する。この古墳が、一九一三年に破壊された際に埴輪が出土したと伝えられ、一九三五年、柴田常恵らによる古墳群調査で古墳跡として確認された「大人塚《うしづか》古墳」である。周辺には小円墳が存在し、この範囲も埼玉古墳群ととらえることができる。古墳の占地する場所や主軸方向からみて、小型ないし中型の前方後円墳だったことが想定できる。

図49 ● 梅塚古墳出土の埴輪・土器
この古墳から出土した土器によって、稲荷山古墳の造営直後から小円墳が造営されたことが判明。

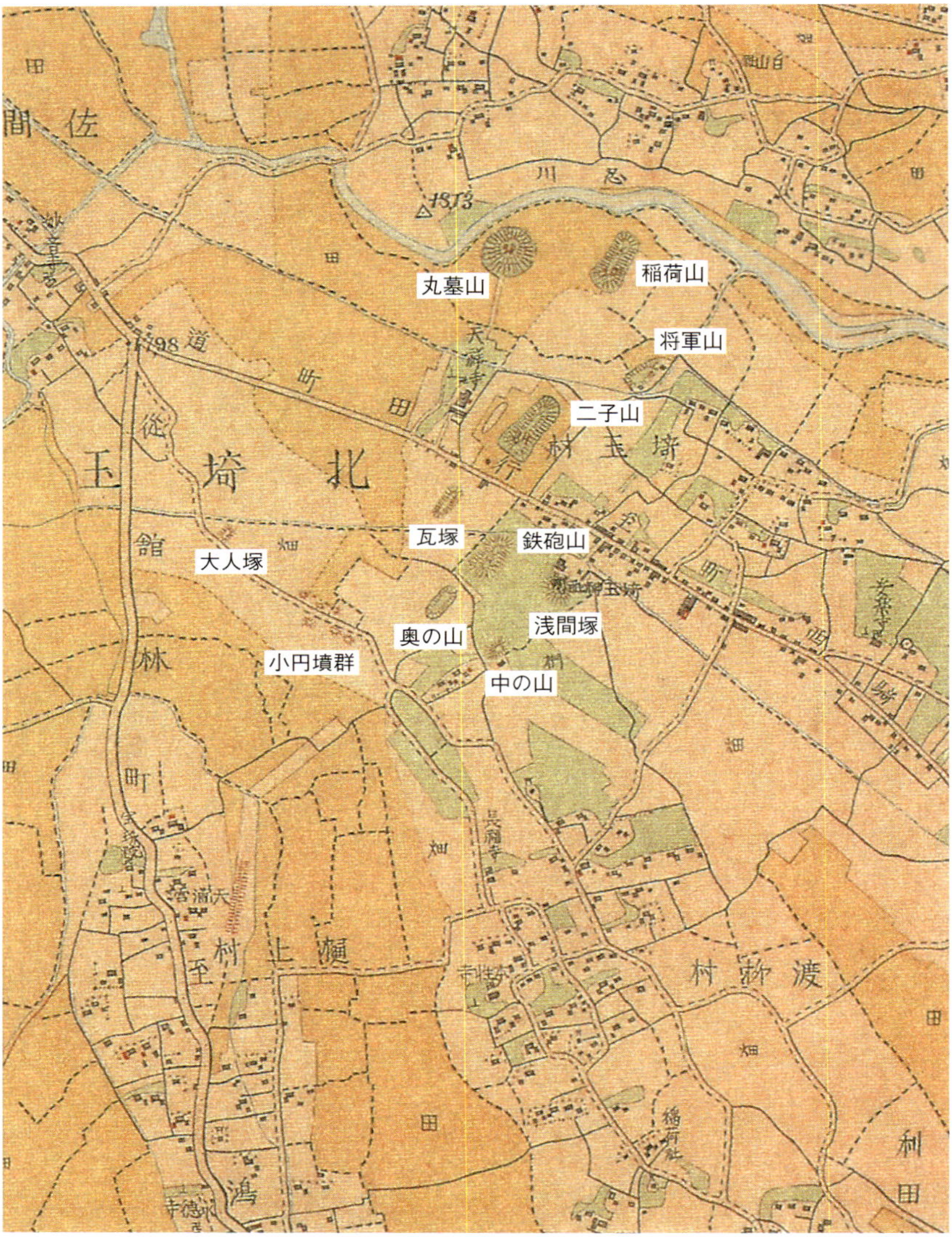

図 50 ● 大人塚古墳の位置
明治 16 年に作成された地図。墳形がよく表現されており、消滅した「大人塚古墳」も記されている。

第４章　埼玉古墳群造営一族の三重構造

1　二系統あった武蔵国造一族

三つの主軸方位

埼玉古墳群は大人塚古墳を含めると、九基の前方後円墳と大型円墳一基、方墳一基と数十基の中小円墳群から形成されている。埼玉古墳群は武蔵国内で当該期の古墳としては比類のない規模を有し、一個所に集中して造営されていることから、武蔵国造歴代の墓域といわれている。他の国々では、最高首長の墓は地域を変えて造営される例が多いが、埼玉古墳群は一個所に代々築かれた点が最大の特徴である。

前方後円墳は一見して主軸を異にする三つのグループが存在することがわかる。まずこの問題をとり上げよう。

五世紀末に稲荷山古墳が造営された。この主軸を方位Aとし、方位Aの古墳をみていくと、六世紀前半の二子山古墳があり、稲荷山古墳の右側中堤に合わせて二子山古墳の左側中堤が築かれている。その後、六世紀中頃から後半にかけて鉄砲山古墳が造営されるが、やはり二子山古墳の右側中堤に合わせて鉄砲山古墳の左側中堤が築かれている。方位A系列の古墳は前代の古墳の南に位置し、南東に平行移動して造営されたことがわかる。

方位Bの古墳は、六世紀前半頃の愛宕山古墳が該当する。その後、六世紀中頃でも早い時期に奥の山古墳が、その両古墳の中間地点に六世紀中頃の遅い段階に瓦塚古墳が造営された。

方位Cの古墳は、六世紀後半の将軍山古墳で、主軸がもっとも東に振れている。これは横穴式石室の前庭部を南にとるためである。その後、最後の前方後円墳で横穴式石室が想定される六〇〇年頃の中の山古墳が方位Cを採用して造営された（図51）。

ちなみに、方墳の戸場口山古墳はそれまでの古墳とは相違し、方位思想にもとづき南北に主軸をとっている。

方位A系列の古墳は、①一〇〇メートル以上の前方後円墳で、②造り出しと、③張り出しをもつ。鉄砲山古墳の張り出しは確認されていないが、その規模と方位からみて存在する可能性が高い。方位B系列は、①七三メートル以下の前方後円墳で、②愛宕山古墳以外は造り出しをもつが、③張り出しは存在しない。方位C系列は横穴式石室のグループである。

二つの系列と系統

こうした三つの方位系列のうち、方位Aの稲荷山古墳系列と方位Cの将軍山古墳系列が、首

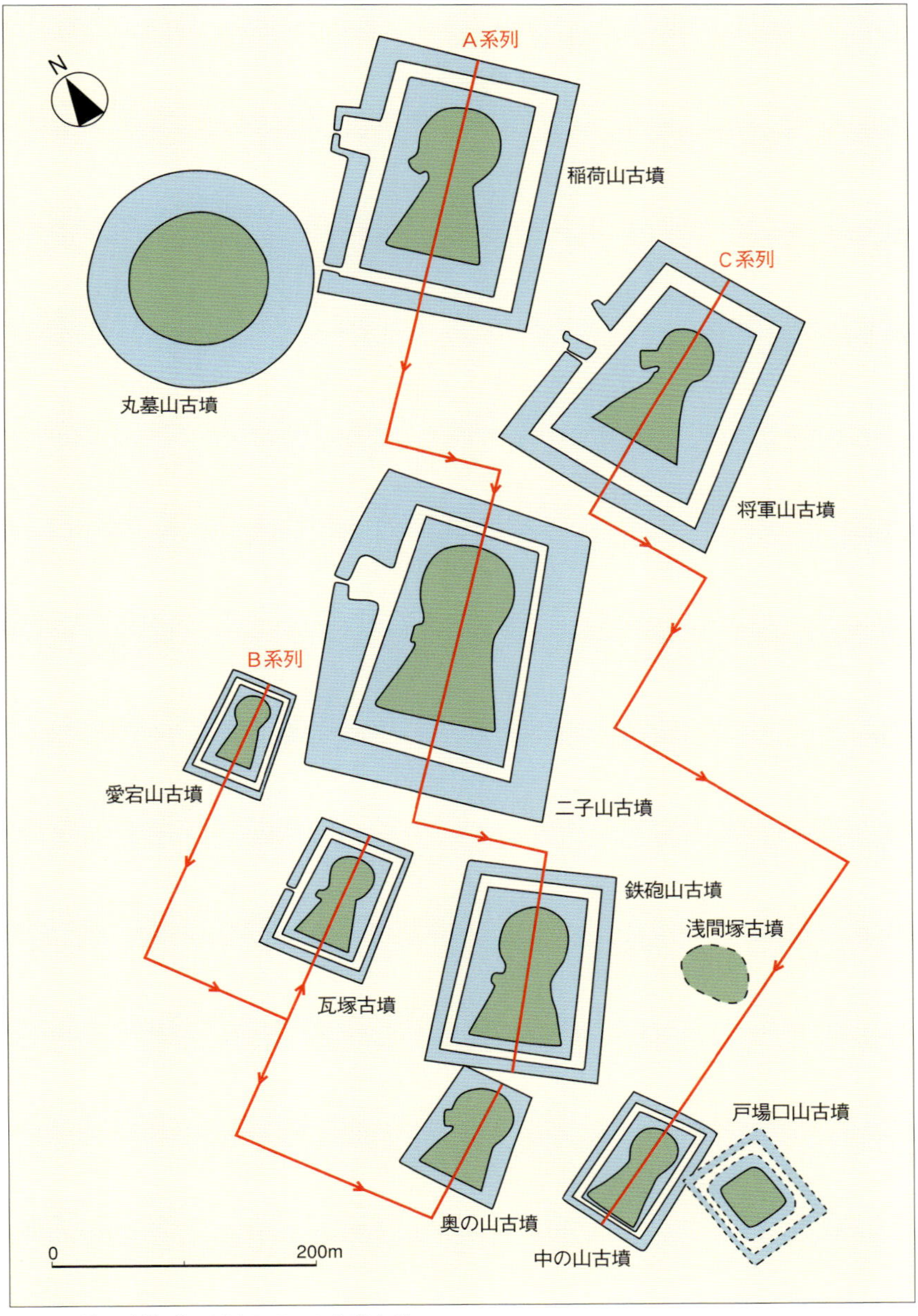

図 51 ● 埼玉古墳群における三つの主軸方位
A、B、C三つの主軸方位の存在がわかる。方位A、Cが首長権を継承した古墳。

長権を継承した古墳であるとする点では異論はないと思うが、問題は丸墓山古墳である。

丸墓山古墳は円墳として全国一の規模をもつが、墳形では前方後円墳にくらべ一段格が落ちるので首長権は継承しなかったと考えられる。丸墓山古墳の被葬者と勢力が拮抗していた二子山古墳の被葬者が首長権を継承し、古墳群最大規模の古墳を造営したと考えるのが妥当である。

中の山古墳は七九メートルであるが、将軍山古墳につぐ大きさであり、同じ方位Cであることから、その後に首長権を継承したとみてよい。また、戸場口山古墳は一辺四〇メートルと規模は小さいが主軸を南北にとった方墳であり、終末期古墳の主要なものは方墳であること、また角閃石安山岩《かくせんせきあんざんがん》を使用してない点は将軍山古墳と同じであることから、その系譜を引いた古墳と考えられる。

以上のように、方位A系列とC系列の古墳が首長権を継承した古墳とみることができ、仮に稲荷山古墳の造営年代を四八〇年、戸場口山古墳の年代を六二〇年とすると、六世代一四〇年、一世代が二三・三年となるので妥当な世代数だと思う。

一方、方位B系列の古墳は、方位A系列の古墳より南東に配置されることはなく、また方位A系列の古墳が南東にスライドしていくように、丸墓山古墳の南東にスライドしていく。こうした古墳群の動態を観察すると、方位B系列の古墳は丸墓山古墳の系譜を引くものと思われる。丸墓山古墳の被葬者はなんらかの理由で前方後円墳を築けなかったが、土量では稲荷山古墳と二子山古墳をこえる大円墳を造営して権勢を誇示した。

しかし、それを誇示できたのも一代限りであった。その後、丸墓山古墳の系譜を引く者も前方後円墳を造営したが、最大でも七三メートルであり、瓦塚古墳ないし大人塚古墳で系統は途絶えたことを古墳の配置は物語っている。

このように埼玉古墳群には二つの系統が存在することから、武蔵国造一族は二系統で構成されていた、と指摘することができる。

2　畿内大王墓の墳形を採用

原形は大阪府大山古墳

稲荷山古墳は、大阪府大山《だいせん》古墳（伝・仁徳天皇陵）との墳形の類似性が指摘されている。塚田良道は大山古墳を四分の一に縮小すると稲荷山古墳の墳形と類似し、稲荷山古墳を一・一五倍したものが二子山古墳で、後円部径の八分の一が古墳の全長を規定し、二子山古墳は稲荷山古墳のほぼ一と八分の一倍にあたることを突き止めた。

また、鉄砲山古墳は二子山古墳を八〇パーセントに縮小したもので、将軍山古墳を除く一〇〇メートル級の古墳はいずれも大山古墳の築造企画にもとづいていると論じる（図52）。さらに、この墳丘企画は周辺の大型前方後円墳にも影響を与えているという。

また、岡本健一も同様の検討をおこなっている。稲荷山古墳は大山古墳の四分の一で、後円部径が墳丘長の約二分の一であるという特徴を指摘する。そして、稲荷山古墳を一とすると、二子山古墳は八分の九、鉄砲山古墳は八分の七、将軍山古墳は八分の六、中の山古墳が将軍山古墳の八分の七の大きさであることから、八分の一が単位となって墳丘の大きさが決められたと論じる。

岡本が示した八分の一を単位とした古墳は、方位A系列と方位C系列の首長権を継承した古墳である。また、奥の山古墳と瓦塚古墳は二子山古墳の二分の一、愛宕山古墳は鉄砲山古墳の二分の一（年代は鉄砲山古墳が新しいので鉄砲山古墳は愛宕山古墳の二倍となるが）の大きさであることから、埼玉古墳群は一定の企画をもって造営されたことを指摘する。塚田・岡本の分析結果は同一の結論に到達していることから、その結果は信頼できる。

将軍山古墳と須恵国造のつながり

さて、将軍山古墳の墳形は稲荷山型ではないことが明らかになったが、以前から多くの研究者により、千葉県富津《ふっつ》市の内裏塚《だいりづか》古墳群中の稲荷山古墳に類似することが指摘されている。上総・稲荷山古墳は墳丘長一〇六メートルの前方後円墳で、主体部は横穴式石室、周濠は盾形の二重周濠をもつ六世紀後半の古墳である。ここで、両古墳の墳丘長を同じに縮小して比較すると、墳形は類似する。将軍山古墳後円部の周濠の形態は不明であるため長方形に復原したが、周濠の占める位置もほぼ同様であることがわかる（図53）。

将軍山古墳の石室には内裏塚古墳群（須恵国造）の領域である鋸《のこぎりやま》山周辺の海岸の転石《てんせき》の房州《しゅういし》石を使用している点から、埼玉古墳群（武蔵国造）と内裏塚古墳群（須恵《すえ》国造）は、少なくとも六世紀後半には密接な関係にあったといえる。

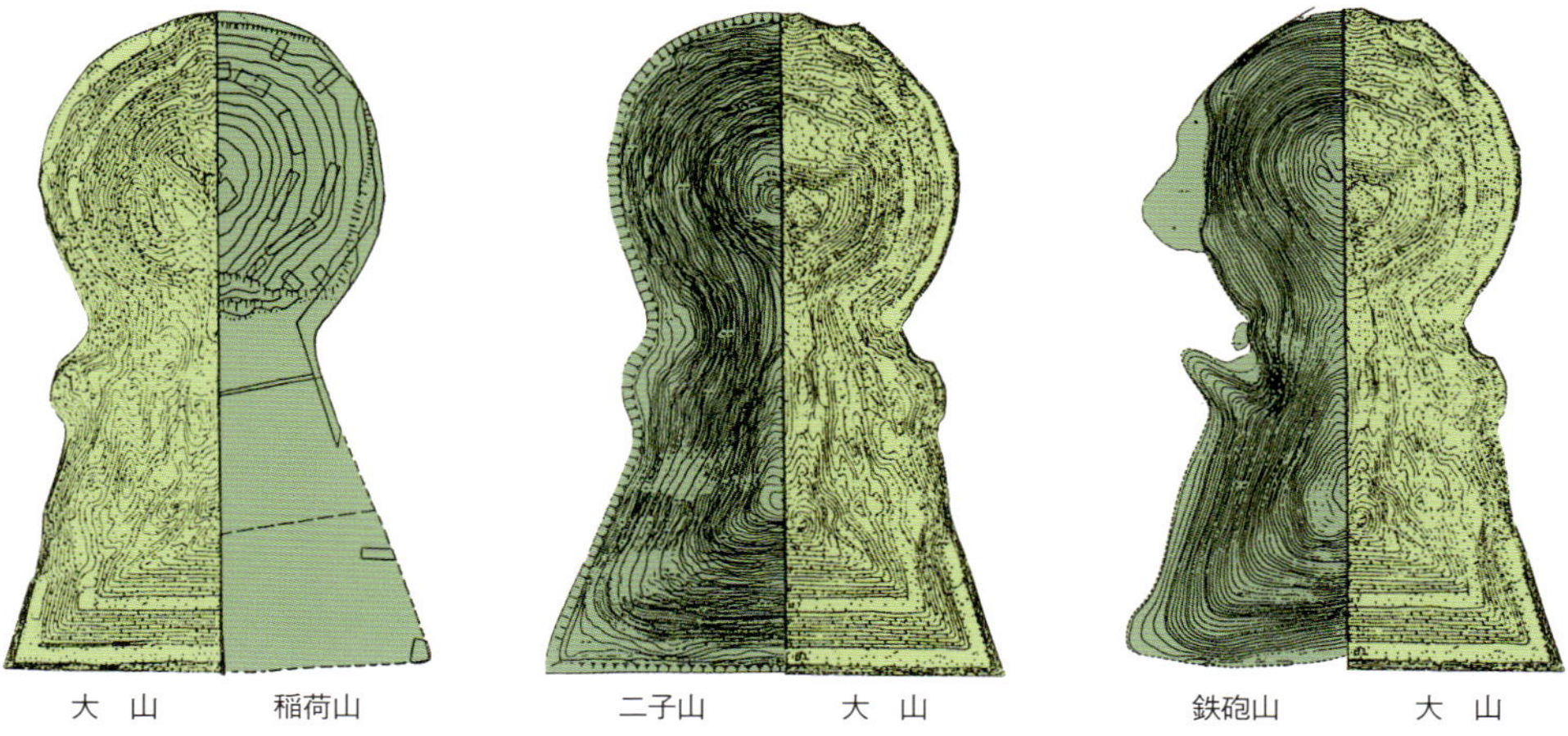

図 52 ● 大山古墳と埼玉古墳群の墳形比較
仁徳天皇陵と伝えられる大阪府大山古墳と埼玉古墳群の主要古墳が類似していることから、それをもとに設計されたことがわかる。

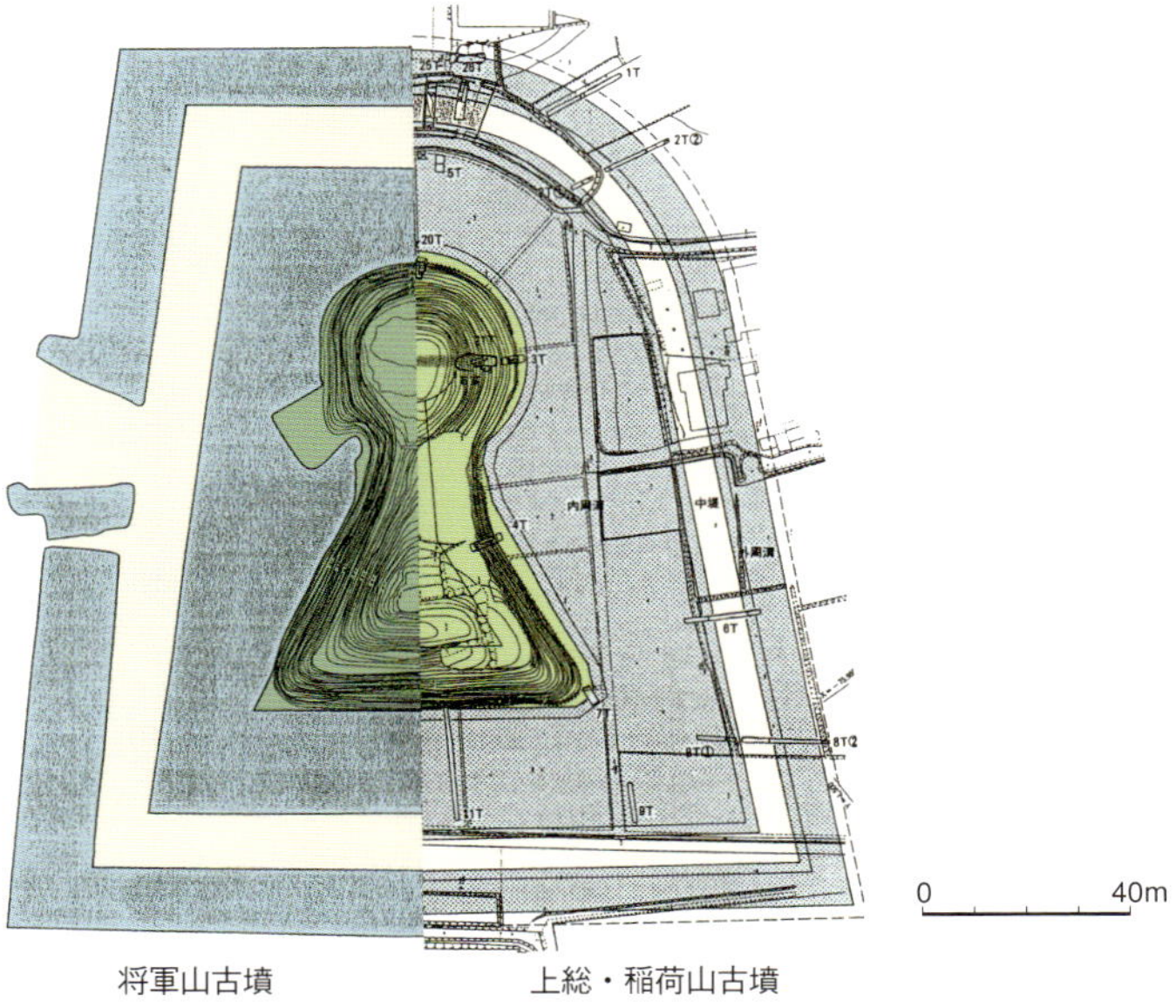

図 53 ● 将軍山古墳と上総・稲荷山古墳の墳形比較
周濠の形態は相違するが、墳形と二重周濠が類似している。

3　円筒埴輪の突帯数が語る古墳の階層

円筒埴輪突帯数の法則

埼玉古墳群では六条・四条・三条・二条突帯の円筒埴輪が確認されている。突帯数と古墳の関係をみると、六条突帯の円筒埴輪を樹立した古墳は稲荷山古墳と二子山古墳で、丸墓山古墳と鉄砲山古墳もその可能性が高い。四条突帯は将軍山古墳、瓦塚古墳、三条突帯は愛宕山古墳（多条突帯もあるが数は少ない）、奥の山古墳で、二条突帯は小円墳に樹立された。

つまり、六条突帯の円筒埴輪をもつ古墳は、丸墓山古墳を除き方位A系列の古墳である。丸墓山古墳の円筒埴輪は全体を把握できるものは出土してないが、土量から推測しても二子山古墳の被葬者に匹敵する力をもっており、鉄砲山古墳も方位A系列の古墳であることから、丸墓山古墳と鉄砲山古墳も六条突帯の円筒埴輪を樹立されていたとしても不思議ではない。

四条突帯は方位Cの将軍山古墳と方位Bの瓦塚古墳である。将軍山古墳は六世紀後半の造営で埴輪祭祀が衰退する時期であり、つぎの中の山古墳は埴輪の代替品として須恵質埴輪壺が配列された。将軍山古墳では三条突帯も出土しているが、器高は四条突帯をうわまわる。方位B系列の古墳には三条突帯の円筒埴輪が樹立された。

以上のように、埼玉古墳群では、六条突帯は方位A系列の一〇〇メートル級の古墳に、四条・三条突帯は将軍山古墳を除き方位B系列の古墳に、二条突帯は小円墳に採用されたという法則が認められる（図54）。こうした法則が他地域の古墳にも認められるか確認してみよう。

関東各地の円筒埴輪の突帯数

埼玉では、小円墳ながら五、六条突帯の円筒埴輪が出土する古墳が二例ある。その一例が二〇メートルの美里町《みさとまち》塚本山《つかもとやま》一五号墳である。だが、円墳の多くは二、三条突帯で、多条突帯は例外的な存在である。ちなみに、九七メートルの円墳である大里町《おおさとまち》（現・熊谷市）甲山《かぶとやま》古墳は五条突帯である。また、前方後円墳であっても三条ないし二条突帯を基本としているが、一〇四メートルの菖蒲町《しょうぶまち》天王山塚《てんのうやまづか》古墳は多条突帯の可能性がある。

群馬では、関東最大の二一〇メートルの太田天神山古墳が三条突帯であるが、高崎市保渡田《ほどた》古墳群では一〇二メートルの八幡塚《はちまんづか》古墳は、四条突帯は外堤北半分を中心に、三条突帯は墳丘を中心に、二条突帯は周濠内に存在する四基の中島と中堤の埴輪群像の区画にと、場所によって円筒埴輪が使い分けられている。一一一メートルの二子山古墳が三条突帯以上で、一四六メートルの藤岡市七輿山《ななこしやま》古墳は六条と

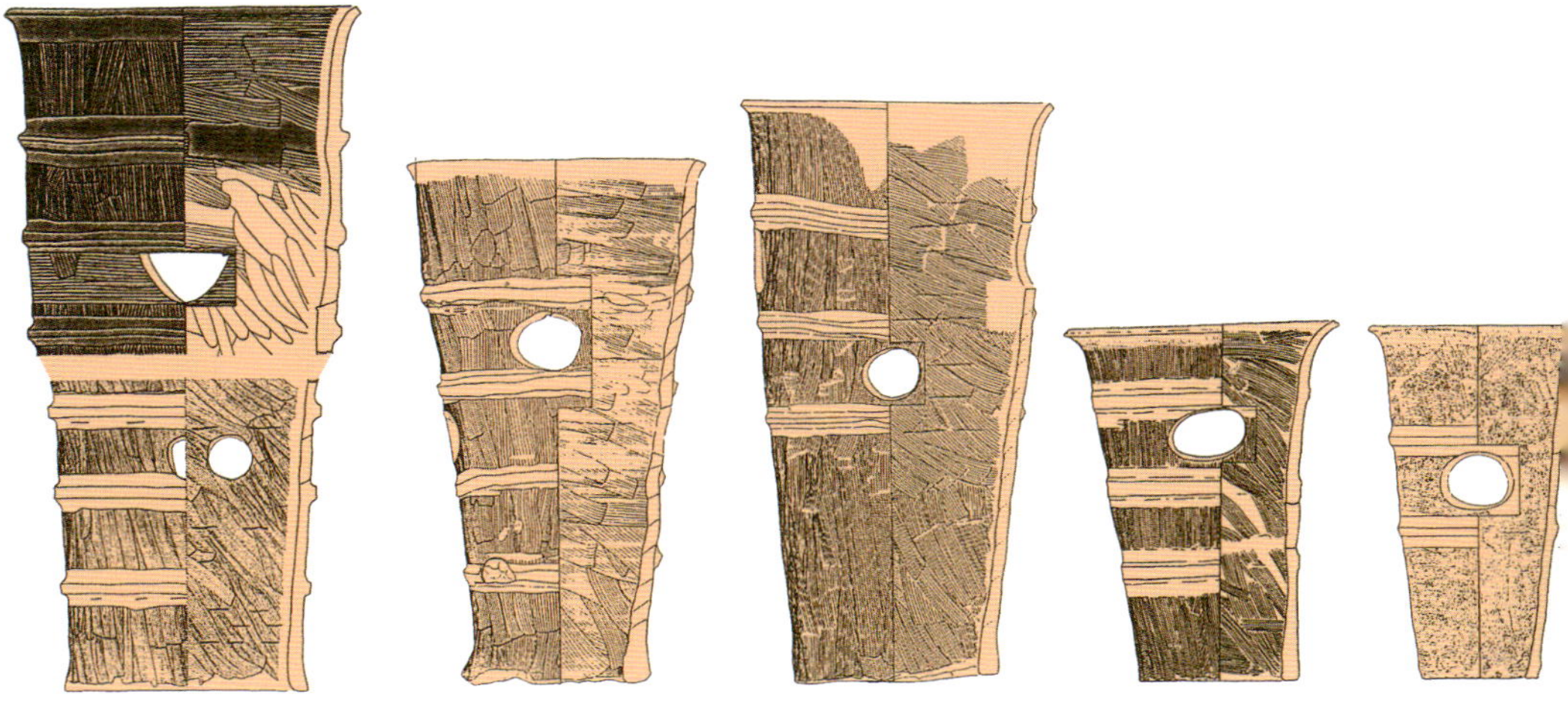

図 54 ● **埼玉古墳群の円筒埴輪**
古墳の大きさと突帯数、円筒埴輪の大きさが相関関係にあることがわかる。

五条突帯で、九七メートルの高崎市綿貫観音山古墳は五条突帯である。なお、円墳は二条突帯を原則としている。

栃木では、一二三メートルの小山《おやま》市琵琶塚《びわづか》古墳が五条と四条突帯で、他は三条を基本としている。茨城では、八八メートルの玉里村《たまさと》（現・小美玉市《おみたま》）舟塚《ふねづか》古墳が六条突帯で、八〇メートルの東海村《とうかい》舟塚二号墳が四条突帯だが、その他の前方後円墳は三条突帯を基本としている。千葉は、県内最大の一四四メートルの内裏塚古墳が四条突帯であるが、他は三条ないしは二条を基本としている。

以上、各地の状況をみてきたように、多条突帯の円筒埴輪は前方後円墳、しかも規模の大きなものにともなう傾向にあることが判明した。一方、埼玉古墳群と比較できるような類例は見当たらないが、保渡田古墳群や内裏塚古墳群でも、埼玉古墳群のような明確な法則は認められなかった。さらに、生出塚埴輪窯跡群の出土例から、埼玉古墳群には八条突帯の埴輪（約九〇センチ）が存在する可能性も高い。これだけ突帯数にこだわり、突帯数で差別化する古墳群もめずらしい。

大きな古墳であれば遠くから眺めることになるので、たとえ大きな円筒埴輪であっても視覚的には小さな古墳の円筒埴輪と変わらないので、埴輪の大小の違いは視覚を重視した結果ではないはずだ。埼玉古墳群内では首長権を継承した一族とそれに付随する一族、さらに小円墳グループという三階層によって古墳群は形成されていたが、階層によって、①主軸の方位、②占地場所、③造り出し、④張り出し、⑤円筒埴輪の突帯数、という埼玉古墳群独自の規制があったようだ。

4　造り出しと飲食物供献儀礼

出現時期と分布

造り出しの初原的なものが三期（『前方後円墳集成』の編年、およそ四世紀前半）頃に出現するが、その形態が確立するのは四期（四世紀後半）からである。四期は畿内を中心に造り出しは分布するが、五期（五世紀初頭）には関東から南九州まで広く分布するようになる（図55）。

造り出しは円墳にも付くが圧倒的に前方後円墳が多く、前方後方墳では一例のみである。また、造り出しは三二メートルの小さな前方後円墳にも存在するが、圧倒的に一〇〇メートルをこえる古墳に多い。地域別では大阪に半数近く存在し、奈良が続く。これは造り出しが大規模な前方後円墳に付設されることが多いからである。

関東で造り出しをもつ古墳は、埼玉六基、群馬四基、茨城五基、千葉一基、東京一基である。群馬と茨城では、これらの古墳は地域を異にして分布するが、埼玉の場合は埼玉古墳群だけある点が特徴である。なお、武蔵国全体をみても、五世紀中頃の東京都野毛大塚《のげおおつか》古墳以降、造り出しをもつ古墳は埼玉古墳群の特定の古墳に限定される。

飲食物供献儀礼

埼玉古墳群では稲荷山古墳、瓦塚古墳、将軍山古墳で造り出しの調査が実施されたが、前述のように土器が集中して出土する点が特徴であり、須恵器の大甕や高坏、坏などが出土していることから、飲食物供献儀礼の存在を想定した。

兵庫県行者塚《ぎょうじゃづか》古墳は五世紀初頭の一〇〇メートルの前方後円墳で、くびれ部に二つ、後円部に二つの計四つの造り出しをもつ稀な古墳である。後円部墳頂部には三基の粘土槨があるが、後円部の北東造り出しにも粘土槨があり、埴輪列が方形にめぐる。西（左）くびれ部にある造り出しは平坦面で東西八メートル、南北九・七メートルで、裾には葺石がめぐり、円筒の方形区画のなかに家五～八棟と囲形埴輪が配置され、土師器高坏一八個体以上、壺二個体以上、笊形《ざるがた》土器四～五個体以上に加え、魚・鳥・アケビ状・餅状・菱の実状などの土製の供物が出土した（図56）。

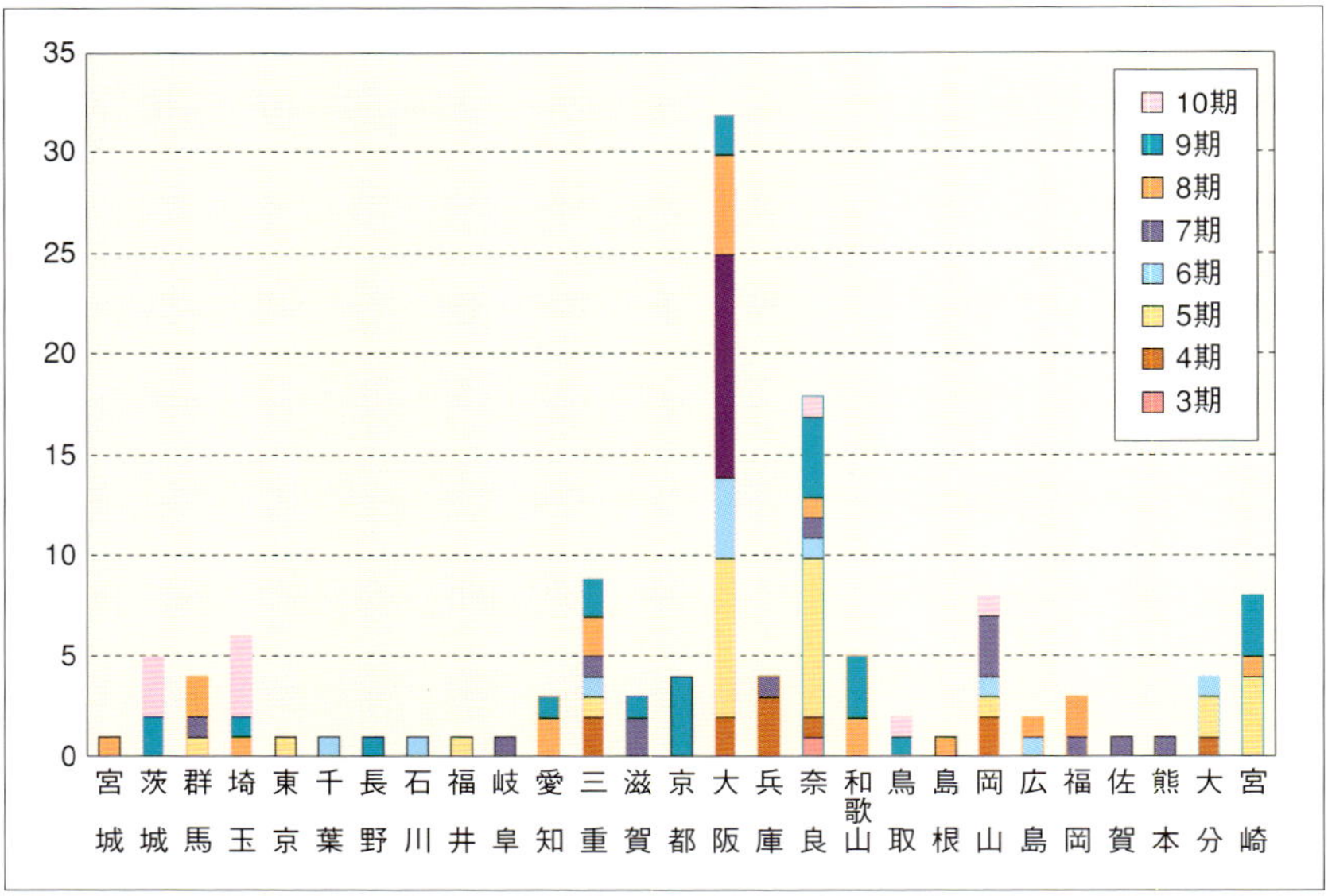

図55 ● 時期別、地域別の造り出し数
造り出しは大王級の古墳が多い大阪・奈良に圧倒的に多い。

造り出しは地山を削り出してつくられていることから、古墳の設計段階から構築が決まっていたと考えられている。また、造り出しと前方部間の小斜面には河原石がていねいに葺かれている。こうした点から、造り出しは墳丘とは別の空間として意識されていたことがわかる。

造り出し中央部に家形埴輪が配列され、その前に高坏や笊形土器にさまざまな供物をかたどった土製品が入れられ供献された。

広島県三《み》ツ城《しろ》古墳は左右に造り出しをもつ五世紀中頃の前方後円墳で、右造り出しから土師器坏七個体以上、高坏七個体、坩二個体、特殊容器五個体、須恵器大型器台三個体、甕二個体が、左造り出しからは鎌、鉇、紡錘車《ぼうすいしゃ》と土師器高坏が出土している。

最近、継体大王陵といわれる墳丘長一九〇メートル、六世紀前半の前方後円墳である大阪府今城塚《いましろづか》古墳の調査成果が公表された。今城塚古墳には両くびれ部に幅三五メートル、突出部一九メートルの造り

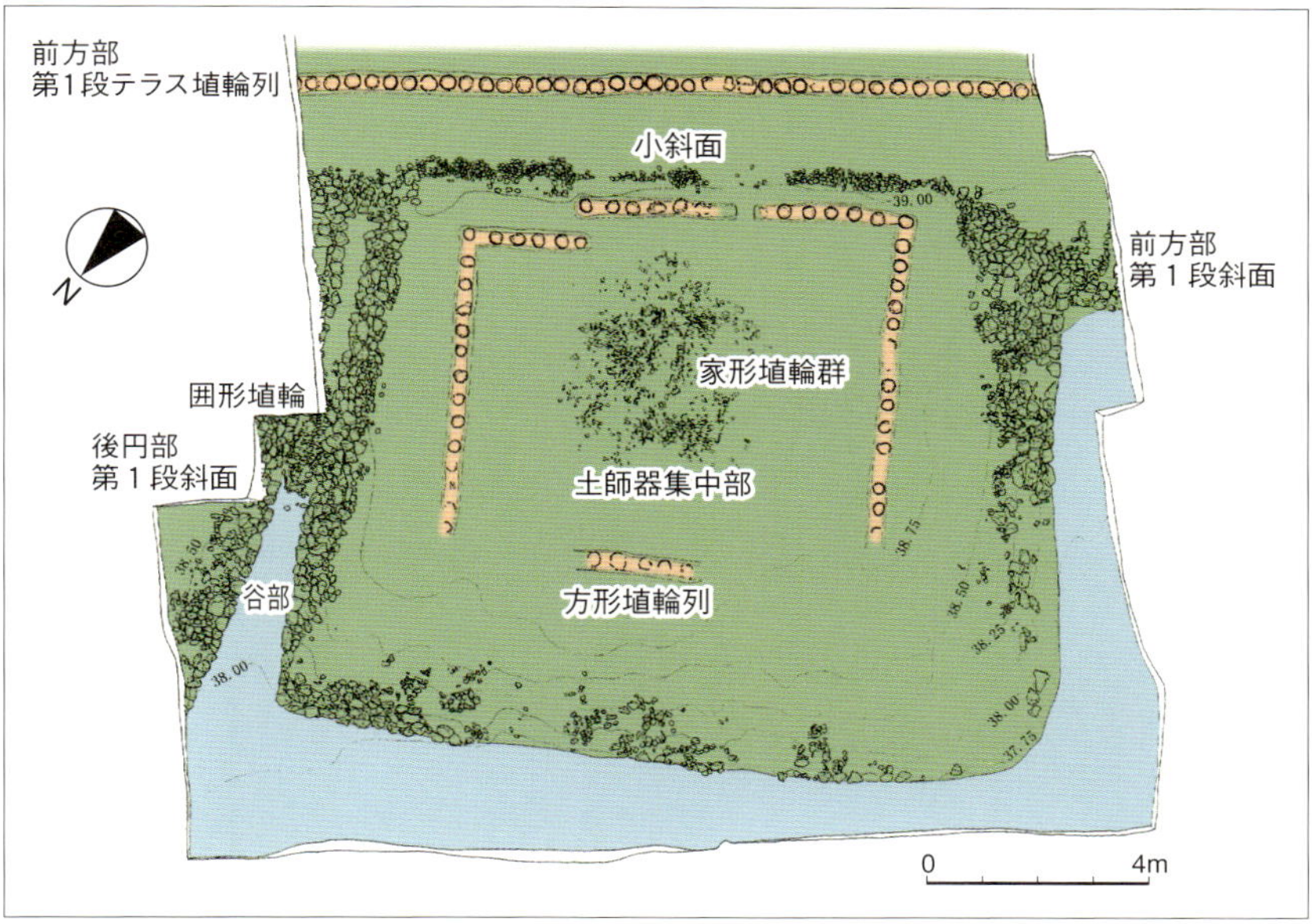

図 56 ● 行者塚古墳の西造り出し
造り出しの構造が具体的に判明した貴重な例。

出しがあり、須恵器坏・甕・器台などの小片とともに円筒埴輪が出土した。

　六世紀中頃の和歌山県井辺《いんべ》八幡山《はちまんやま》古墳は八八メートルほどの前方後円墳で、くびれ部に二つの造り出しが存在する。造り出しは幅七・七メートル、奥行き六・四メートルの大きさで、円筒埴輪をめぐらしている。

　東造り出しの中央部には、巫女の東に須恵器台付壺・器台群と須恵器大甕群があり、その南には力士集団と鹿・猪・馬・鷹飼いの動物集団が、北には武人集団、盾・家の形象埴輪が配置され、その外には武人・馬と馬曳き人が配置されていた。

　西造り出しには、円筒埴輪で区切った先の墳丘側から須恵器大甕・壺・器台群、水瓶と馬と馬を曳く人と武人、区画内には須恵器器台・鉢・耳坏《じはい》群と高坏、坏・耳坏と武人・力士・巫女、家、盾の形象埴輪が配列されていた（図57）。

　東造り出しの三点の大甕と二点の壺の底部は穿孔されているため、酒などは入れられない。この時代にも観念的な飲食物供献儀礼がおこなわれていたのである。

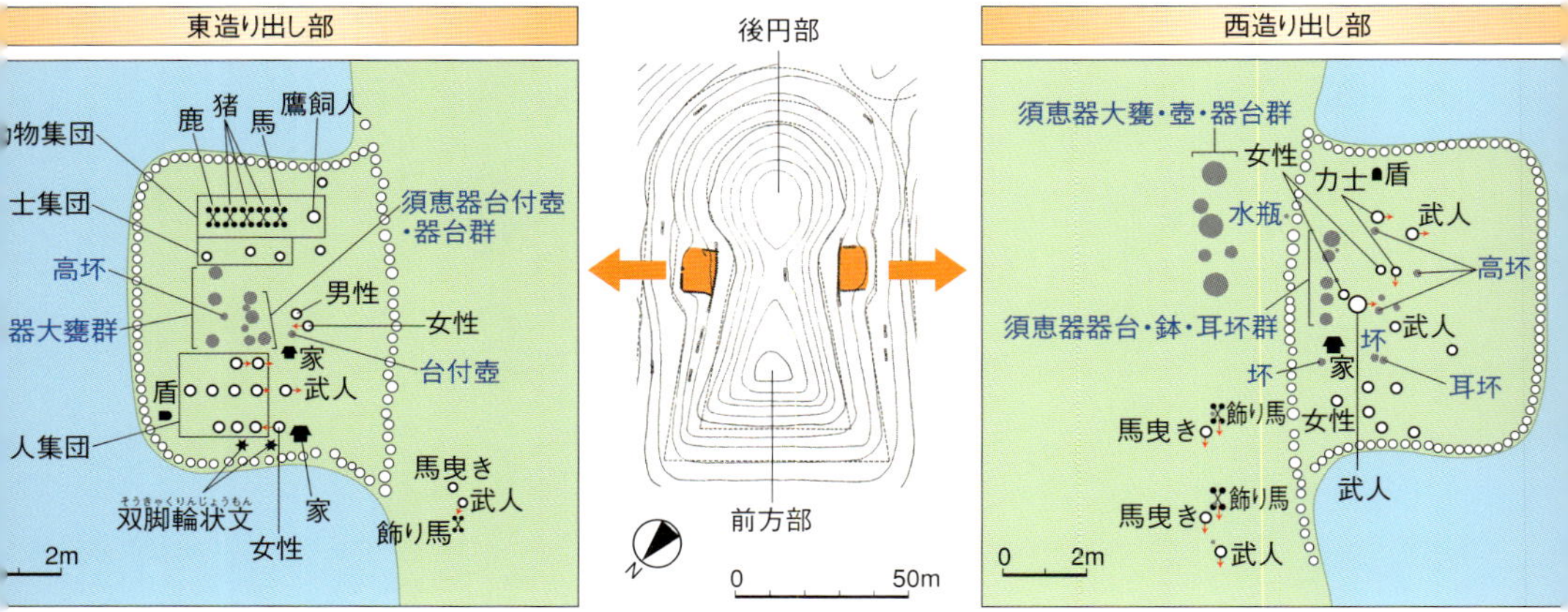

図 57 ● 井辺八幡山古墳の造り出し埴輪と土器の配列
行者塚古墳より 100 年ほど後の古墳であるが、造り出しで飲食物供献儀礼がおこなわれている。

最高首長の古墳に付く造り出し

こうした造り出しの出土遺物をみると、大甕をはじめ須恵器と土師器が出土していることがわかる。

四世紀前半の奈良県東殿塚《ひがしとのづか》古墳では、前方部の裾部に鰭《ひれ》付円筒・壺形・朝顔埴輪で台形に区切られ、底部穿孔壺・高坏・器台・小型丸底鉢が破砕された状態で出土した。

この区画を造り出しの起源とすると、まさに底部穿孔土器や破砕行為は弥生時代の観念上の飲食物供献儀礼をそのまま踏襲していることになる。これを造り出しの起源とするなら、初原のあり方がその本質を示すので、造り出しでの儀礼の本質は、死者、そして神となった被葬者への飲食物供献儀礼であり、この後、埴輪祭祀の影響を受け埴輪が配列されたと考えられる。

造り出し出現の要因は、墳丘の大型化にともない実際に墳丘に登ることが「困難」になり、さらに円筒埴輪を一重、二重にめぐらして墳丘自体を禁忌とする思想が登場し、後円部上での儀礼が不可能になったことにある。それに代わって造り出しが創出されたのである。

一方、造り出しはすべての古墳に付くわけではないので、地域最高首長の首長権の継承をともなう古墳に付設されたものと考えられる。しかも、造り出しはこうした最高首長の古墳に必ず付くとは限らないが、大半の大王墓級の前方後円墳に存在することから、地方においては大王との関係が深い最高首長のみがそれを付設することが許されたとみることができる。

埼玉古墳群では、杖刀人の首である乎獲居に仕えるという、まさに王権と強い結びつきがあった人物が稲荷山古墳に埋葬されていることが、このことを如実に物語っている。

5　張り出しと葬送儀礼

首長墓系列の古墳に付設

張り出しは、方位A系列と方位C系列の首長墓系列の古墳に付設された。稲荷山古墳がもっとも張り出しの形態がしっかりしており、将軍山古墳では広い陸橋状になるという変化が認められる。

別の見方をすれば、将軍山古墳の張り出しは開放的な空間になったといえる。一方、二子山古墳から将軍山古墳への張り出しの形態変化は大きいので、鉄砲山古墳では張り出しは確認されていないが、その中間形態の存在が想定できる（図58）。

埼玉古墳群では、張り出しからは良好な資料は得られていないが、この周辺から土器や人物埴輪、器財埴輪が、稲荷山古墳では餅状の赤彩された土製品が出土していることから、なんらかの祭祀がおこなわれたことは明らかである。また、埼玉古墳群では決まった場所に張り出しがつくられていることから、その方向が古墳の正面だったことがわかる。

将軍山古墳は横穴式石室なので、本来ならば横穴式石室の開口部つまり墳丘の右側が正面のはずだが、張り出しを逆方向の左に付けるという伝統を受け継いでいる。こうした点を勘案すると、張り出しは重要な役割を担っていたといえる。

将軍山古墳では張り出し近くの周濠から土師器坏が三個体出土している。一個体は造り出しと同時期のものであるが、二個体は八世紀代の土器で、造営時期とあまりにもかけ離れており、追善供養の際の土器とは考えにくく、この時代の集落も古墳群内には存在しないことから気になる土器ではある。しかし、後述するように、その時期には武蔵国造勢力は解体されていたと考えられるので、そうした行為がおこなわれたとは思われず、またいまは追究する手だてがないので、結論を保留する。

葬送儀礼

ところで、将軍山古墳では張り出しの脇に陸橋が存在する。稲荷山古墳では前方部のコーナーに陸橋が存在し、そこが葬列の通る道と想定した。張り出しも中堤に通じる道と考えることができるが、脇に付く陸橋によって道としての機能は否定され、張り出しは一定の空間を得るために造られたと考えざるを得ない。おそらく、造り出しでの飲食物供献儀礼が終了した後、張り出しで最後の祭祀がおこなわれたのであろう。瓦塚古墳の埴輪群像や張り出し周辺から人物埴輪などが出土していることから、張り出しにはなんらかの情景を表示するために埴輪群が配

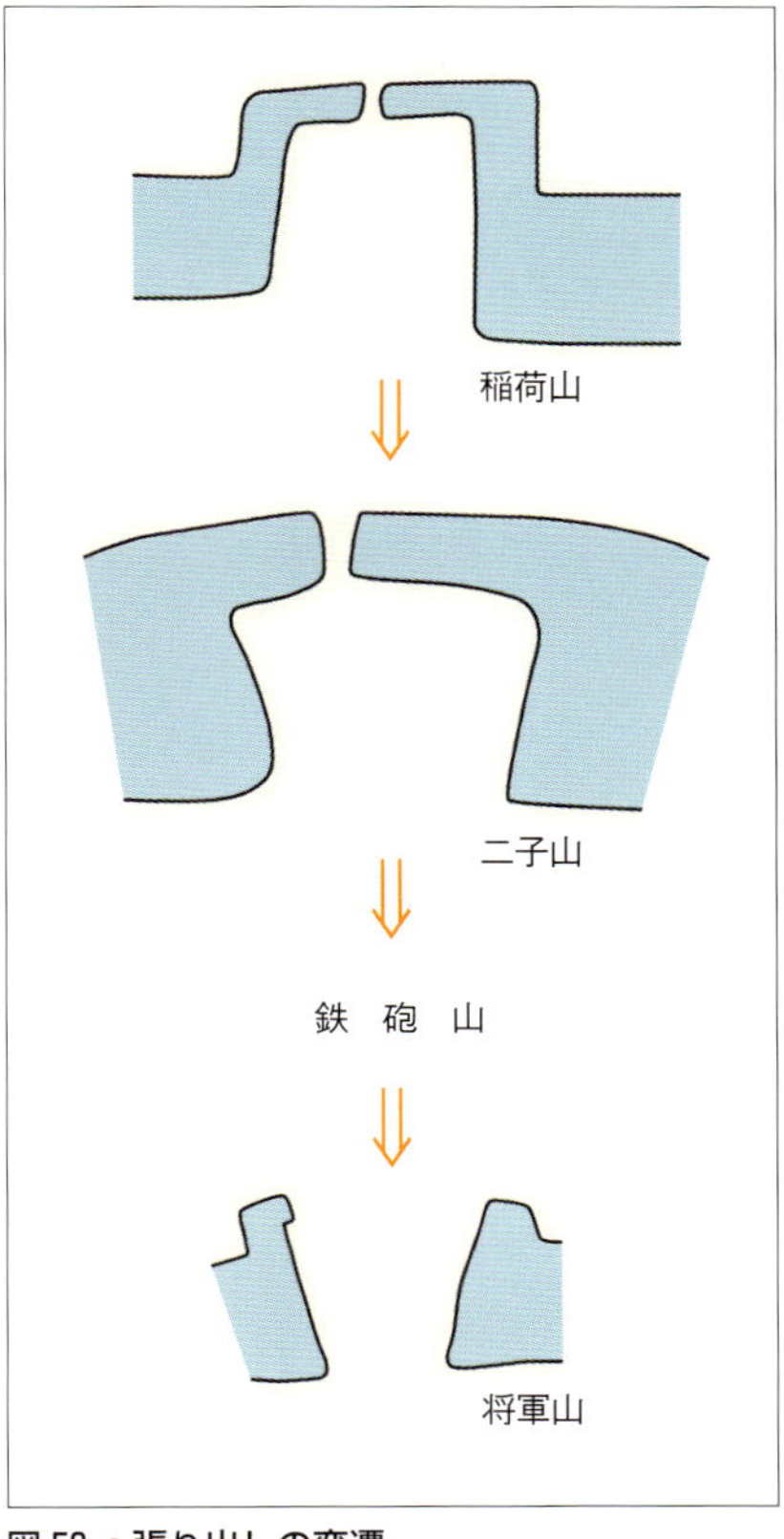

図58 ● **張り出しの変遷**
張り出しが時代とともに簡略化していく様子が読み取れる。

列されていたと考えられる。これをもって葬送儀礼一切が終了したのである。

埼玉古墳群おいて張り出しは首長権を継承した古墳にのみ付設されていることから、その儀礼は首長権を継承した古墳には欠かせないものだったにちがいない。大王墓級の古墳では、今城塚古墳以外で張り出しは確認されていない。だが、今城塚古墳で張り出しが確認されたことから、造り出しと同じく大王墓級の古墳には付設されていた可能性が高まった。

6 埴輪群像の意味するもの

瓦塚古墳の埴輪群像

瓦塚古墳では中堤に埴輪群が配列され、その様相を復原した若松良一は殯を表現していると考えた。だが日高慎は、埴輪は生前に発注しているという視点から、埴輪群は生前の神を祭る儀礼を再現したもので、瓦塚古墳の埴輪群も歌舞音曲や飲食の場面をあらわし、吹放ちの家は楼閣《ろうかく》であるという。すなわち、この楼閣で埴輪群像の示す儀礼がおこなわれ、入母屋造建物と寄棟造高床建物を加えた三棟の建物は首長の居宅を表現していると考える。同じ素材でありながら見解を異にするように、埴輪群像の意味するところを解き明かすのはむずかしい。

埴輪群像に関しては、①殯説、②首長権継承儀礼説、③葬列説、④首長の生前の姿を顕彰する説、⑤供養・墓前祭祀説、⑥死後の世界のために犠牲となった動物とその儀式を執行する犠牲説、⑦死後の世界における近習《きんじゅ》説、⑧他界での理想郷をあらわした神仙世界・他界王宮説、

⑨神宴儀礼説、などがある。

埴輪は本来、近藤義郎が説くように死者あるいは神となった首長への飲食物供献や共飲共食用に使われた特殊器台と特殊壺が円筒埴輪と朝顔形埴輪に発展したものである。その後、器財形埴輪が出現し、それらを後円部の主体部上に方形に配列し、墳丘には円筒埴輪や朝顔形埴輪をめぐらし、墳丘を禁忌の場とした。墳丘の大型化と墳丘禁忌の思想から、墳丘上での儀礼は不可能となり、造り出しで儀礼がおこなわれたことは先述のとおりである。

五世紀中頃に人物埴輪が登場し、新しい思想にもとづく埴輪群の配列がはじまった。人物埴輪は多様性をもつが、若松良一は殯という視点から、①神人との共飲共食の再現（酒壺を捧げる巫女）、②魂振《たまふ》り歌舞の再現（踊る男女、弾琴など）、③狩猟の再現（鷹匠、狩人、犬と鹿・猪の組合せ）、④鎮魂儀礼の再現（力士像）、⑤警護集団（武人像）、⑥辟邪《へきじゃ》（巫女などの鳴絃と盾持ち人）、⑦参列者（盛装の男子全身像や女子像、農夫など）、⑧誄《しのびごと》の言上者（跪座《きざ》像）、⑨馬列、に分類した。ここで、埴輪の原位置がはっきりと把握できた埴輪群像をみていこう。

保渡田古墳群・八幡塚古墳の埴輪群像

群馬県保渡田古墳群の八幡塚古墳では、外堤に盾持ち人が並び、中堤で埴輪群像が二個所確認された。残りのよいA区では円筒埴輪で長さ一一メートル、幅四・五メートルの方形に区画された中に五〇個体以上の形象埴輪が配列されていた（図59）。

若狭徹は、この埴輪群像をつぎのように読み解く。

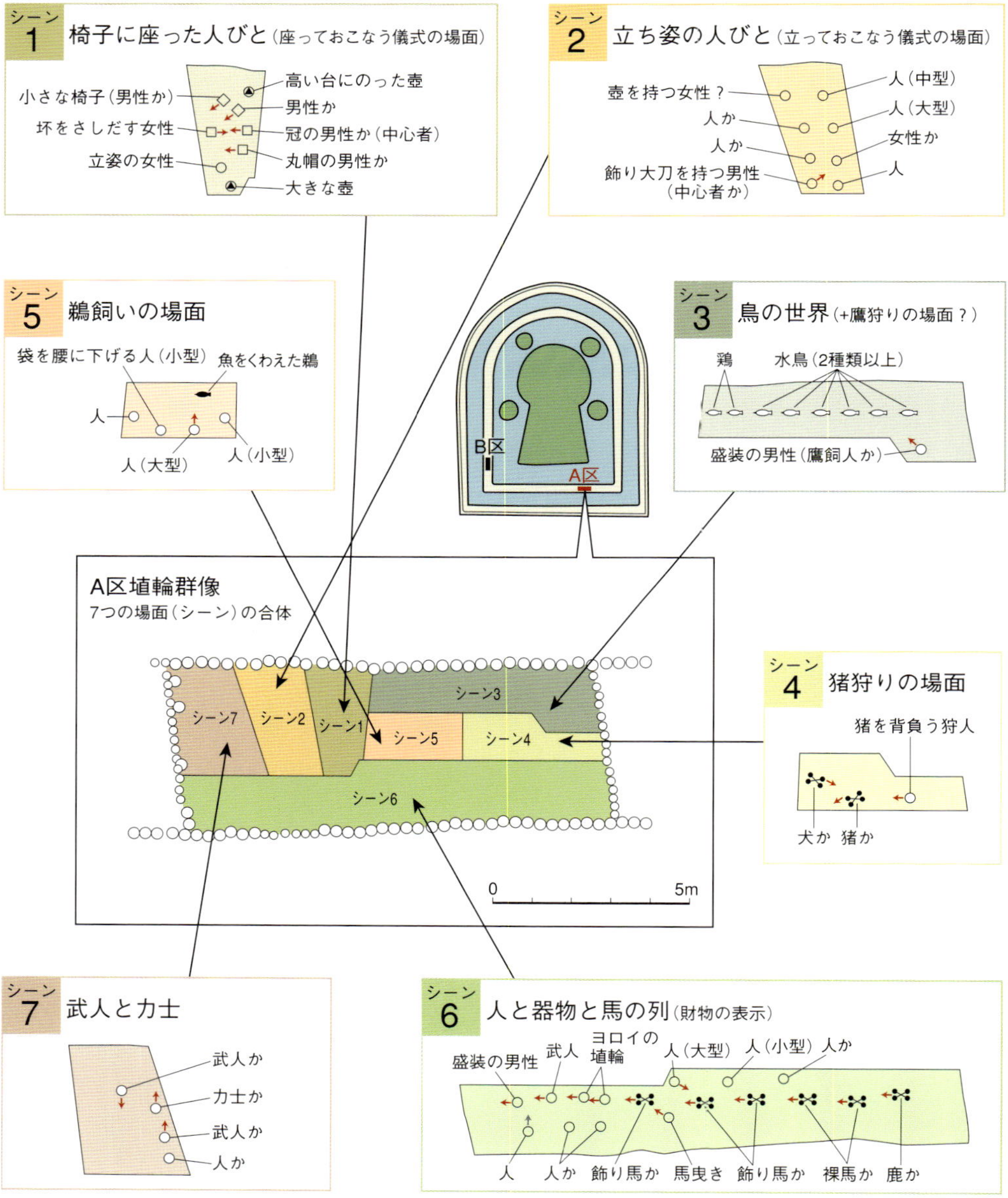

図59 ● 保渡田八幡塚古墳の埴輪配列
形象埴輪の配列を7つのシーンに分け、埴輪群像は特権的におこなわれた儀式や威信財を内外に知らしめる仕掛けと読み解く。

シーン1は、柄杓形土製品が入った大きな壺と、器台に置かれた壺の埴輪が存在し、椅子に座った女子が椅子に座った冠の男性に坏を差し出していることから、酒食を中心人物に奉仕する場面。

シーン2は、飾り大刀をもつ人物、小壺を掲げる女子、巫女と立ち姿の人びとがいることから、大刀をもつ人物に奉仕するという、立っておこなう儀式の場面。

シーン3は、鶏・水鳥・鷹匠の配列から、鷹狩りの場面。

シーン4は、猪を背負う人と猪、犬が配列されていることから、猪狩りの場面。

シーン5は、魚をくわえている鵜と人物から、鵜飼いの場面。

シーン6は、盛装男子立像、武人、甲冑、馬曳き、馬、鹿のグループで当時の贅沢品を表示。

シーン7は、武人と力士で、守護や威儀に関わる場面。

そして埴輪群像は古墳を造営した一族が特権的におこなった儀礼や、彼らが占有した威信財を内外に知らしめる仕掛けとみた。

今城塚古墳の埴輪群像

つぎに、継体天皇陵といわれる今城塚古墳の埴輪群像をみてみよう（図60）。

張り出しに埴輪群像が配列されていた。張り出しの規模は長さ六五メートル、幅は破壊されているので正確な数値は不明であるが六メートル以上ある。張り出しは古墳本体と周濠などの付属施設や葺石・埴輪配列など外表施設の施工終了後、外濠の一画を割いて改めて中堤の高さに合わせて土を積み上げて造成された。前方後円墳を生前に造営する寿陵とするなら、継体大王はその地位が確立した後に張り出しを造成したとも考えられる興味深い現象である。

ここから各種埴輪が一三六点出土し、柵形埴輪によって四区画に分けられていた。

一区を構成する片流れ造りの家は喪屋、円柱づくりの吹き抜けの家（祭殿）、鶏が添う寄棟平屋（祭祀の副屋）、人物埴輪（喪屋での籠もりの情景）、器台は死者への供献儀礼と解し、私的な儀礼空間とした。

二区と三区は多様な埴輪が配列され、言挙げ（誄）、歌舞飲食などのさまざまな公的儀礼がおこなわれた様子を示している。

四区は殯宮の前庭で、盾は辟邪、武人は警護、力士は地鎮、馬は参列者の乗り物と解し、全体は殯の情景を表現している、と森田克行は考えた。

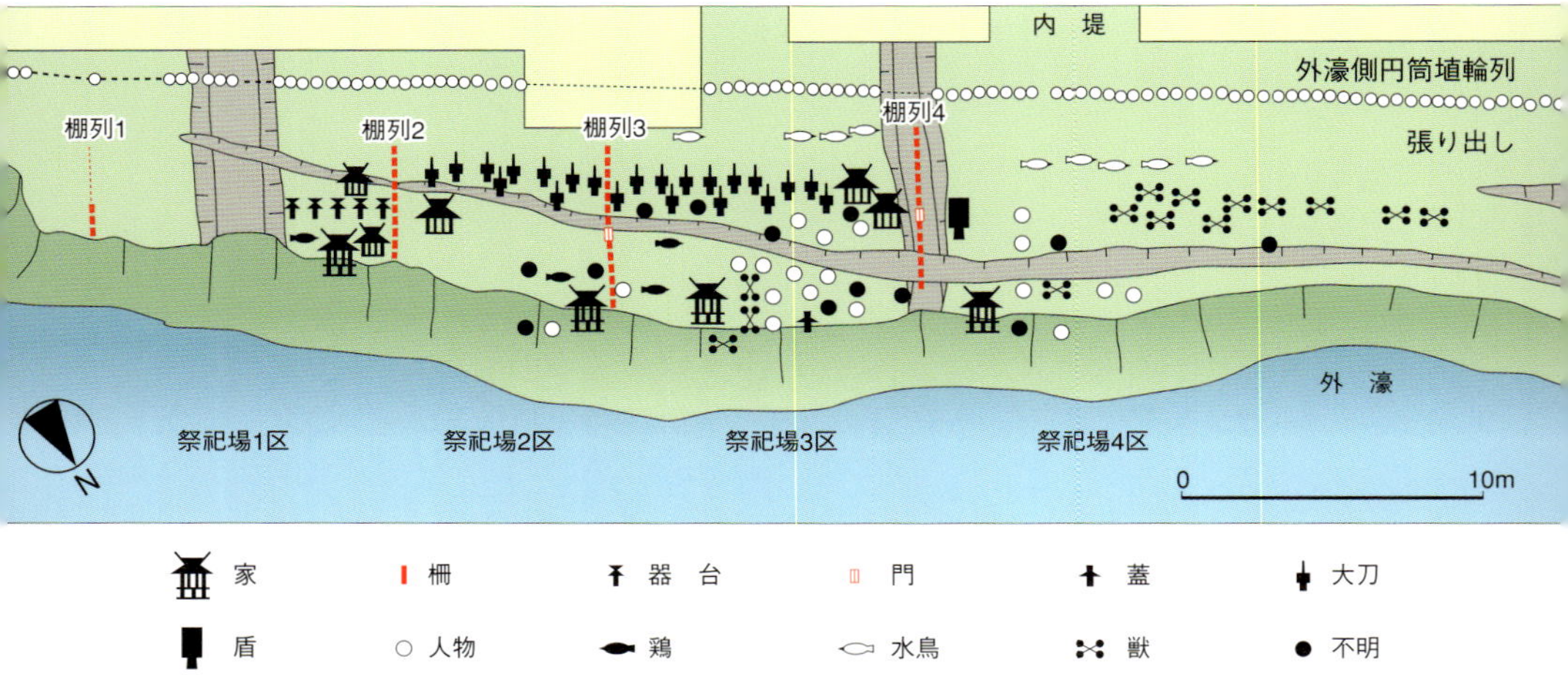

図 60 ● 今城塚古墳の埴輪配列
大王墓ではじめて明らかになった張り出しでの埴輪配列。殯の情景を表現していると読み解く。

埴輪群像の多様性と類似性

このように瓦塚古墳・八幡塚古墳・今城塚古墳の埴輪群構成を比較すると、八幡塚古墳では家形埴輪がそっくり欠落しているが、その他の構成要素は類似する（表2）。しかし、家形埴輪が欠落していることは、表現しようとした内容に相違があることを示している。

今城塚古墳の張り出しは破壊されていることから、確認された埴輪群像にさらにいくつかの要素が加わる可能性がある。また、今城塚古墳では張り出しは最後に造成されているが、これは、継体大王が「越」地域（福井県）出身という、歴代の大王と出身地あるいは出自が異なるという特異な立場に起因することも考えられ、前方後円墳を寿陵とするなら、大王の地位が確

種類		今城塚	八幡塚	瓦塚
家	片流れ	○	×	×
	吹き抜け	○	×	○
	その他	○	×	○
人物	坏等を捧げる女子	○	○	○
	巫女	○	○	○
	踊る女子	○	×	○
	全身武人	○	○	○
	盛装の男子	○	○	×
	弾琴	×	×	○
	踊る男子	×	×	○
	獣脚の男子	○	×	×
	鷹匠	○	○	×
	力士	○	○	×
	馬曳き	×	○	○
器財	器台	○	○	×
	壺	×	○	×
	蓋	○	×	×
	盾	○	○	○
	大刀	○	×	○
	甲冑	○	○	×
	靫	○	×	×
動物	馬	○	○	○
	鹿	×	○	×
	猪	×	○	×
	牛	○	×	×
	犬	×	○	○
	鵜	×	○	×
	水鳥	○	○	×

表2 ● 埴輪構成比較
大きな古墳ほど形象埴輪の種類は多いが、形象埴輪の構成要素に微妙なちがいがみられる。

定した段階で張り出しを急ぎ付け足したとも考えられる。張り出しでの儀礼が大王にとって不可欠なものだったことを示している。張り出しでの埴輪の樹立とそれにかかわる儀礼は、大王とそれを支える有力豪族にとって欠かすことのできないものだったのである。

埼玉古墳群ではいまのところ、瓦塚古墳以外では良好な資料は得られていないが、首長権を継承した稲荷山古墳系列の古墳には、より構成要素の多い埴輪群像が配列されたものと類推できる。

ところで、今城塚古墳の埴輪群像は殯を表現しているとの見解が示されているが、瓦塚古墳の埴輪構成は今城塚古墳とほぼ同じであることから、同一の思想にもとづいた埴輪配列と考えていいだろう。だが、八幡塚古墳では家形埴輪が欠落しており、今城塚古墳と同じ情景を示したとは考えにくい。

ここでは早急に結論を出すことはできないが、大王墓の埴輪配列をその原型とするなら、瓦塚古墳の埴輪群像はその構成要素から、今城塚古墳と同一の思想にもとづいていたとみることができる。埼玉古墳群は首長墓系列に張り出しが付設されるという点からも、埴輪祭祀の類似性が指摘できる。

造り出しでも埴輪が配列されるが、造り出しでの儀礼は飲食物供献儀礼が本質であり、それに埴輪が加わった。そして、張り出しでの埴輪配列とその儀礼は、大王とそれにかかわる地域の最高首長のみに許されたのであった。

7　全国でも稀な長方形二重周濠

前方後円墳の周濠は後円部と同じカーブを描く盾形が一般的で、長方形周濠は稀である。にもかかわらず、なぜか埼玉古墳群は長方形周濠が採用されている。これが埼玉古墳群の特徴のひとつであるが、なぜ長方形なのだろうか。

前方後方墳が長方形の周濠で、東国には古墳時代初頭に前方後方墳が多いことから、その影響とする説もある。しかし、前方後方墳は前方後円墳が出現する四世紀中頃には消滅し、稲荷山古墳が出現するまでに一〇〇年以上もあるので、埼玉古墳群の長方形周濠がその影響下に成立したとは理解しがたい。

また、千葉に長方形周濠をもつ古墳は四基存在するが、九期（六世紀前半）ないし一〇期（六世紀後半）の古墳であり、稲荷山古墳より後出の古墳なのでその影響とすることもできない。外部からの影響でないとすると、その要因は内部にあると考えざるを得ない。

そこで、古墳に盛られた土量と周濠を掘った土量を計算すると、最初に造営された稲荷山古墳は周濠を掘削した土で墳丘を築くのに足りるが、他の古墳はその土量だけでは到底足りないことが判明した（表3）。

墳丘下に残っていた古墳時代の地表面（旧地表面）をゼロとして周濠の深さ測ると、丸墓山古墳が三メートル前後ともっとも深く、他の古墳は平均一・五メートル前後で、鉄砲山古墳は一・二メートルともっとも浅い。各古墳とも周濠の底の土で珪藻（藻の一種）分析をしており、花粉分析の結果とあわせると、周濠の底は沼地的景観であったことが想定できる。周濠には絶えず水が溜まっていたのである。埼玉古墳群は関東造盆地運動によって沈下した洪積台地上に形成されているが、一定以上の深さに達すると湧水したのである。

丸墓山古墳の周濠は一重だが、三メートルもの深さがあるので、土を確保するため湧水にもめげず深く掘った。だが、それでも土は不足する。

稲荷山古墳はすでに前方部が失われており、一九三五年の実測と合成して復原したため、他の古墳とは実測図の精度が落ちる。しかし、充足率が一四〇パーセントなので、その誤差を見積もっても周濠の掘削土で足りたと考えていいだろう。

また、他の古墳も墳丘が崩れたりして、墳丘が当時より痩せているとしても、さらに復原図の誤差や掘削土と盛土の密度の差を見込んでも周濠の掘削土だけで墳丘は築けなかったとみてよい。

稲荷山古墳の周濠の土量は三万五五一三立方メートルなのに対し、墳丘長で一八メートル長い二子山古墳の土量は三万八九九二立方メートルで、その差は約三五〇〇立方メートルである。つまり、最初に築かれた稲荷山古墳のみが十分広い墓域が確保できたのである。しかし、

	墳　丘	周　濠	充足率	延べ人数
稲荷山古墳	25,338m³	35,513m³	140	65,699人
丸墓山古墳	65,400m³	49,210m³	75	120,990人
二子山古墳	43,998m³	38,992m³	89	81,396人
奥の山古墳	6,945m³	長方形 3,992m³ 盾　形 3,549m³	56 51	12,850人
鉄砲山古墳	19,590m³	11,580m³	59	36,242人

表3 ● 古墳の土量
延べ人数算出の条件は、掘削：1日2m³、掘削土の増量は1.35倍、運搬：モッコで二人一組、1日掘削土：2m³。
＊稲荷山古墳のみ周濠の掘削土で延べ人数を積算。

最初に造営された稲荷山古墳が周濠の掘削土で十分なら長方形にする必要もない。あまった土は周堤帯などにも使い偉容を整えたとも考えられるが、他の古墳とは様相を異にすることだけは明らかである。さらに謎は深まる。

だが、各古墳の旧地表面と周辺の現地表面を比較すると、旧地表面より現地表面が全体に低いことがわかる。この現象は周濠の掘削土だけで足りないので、周辺を削平して補ったことにほかならない。古墳群の造営以降の大規模な土木工事として先述した天正一八年（一五九〇）の石田堤の築造がある。この際には丸墓山古墳を堤の一部として使うなど工夫されており、古墳群内での掘削はさほどおこなわれなかったと思われる。現地表面が旧地表面より低い主要因は、古墳群の造営による土取りだったのである。

周濠を深く掘れないとなると、横に広げるしか方法はなく、盾形より土量が確保できる長方形にし、さらに周濠を二重にしたのである。ちなみに、奥の山古墳の周濠を盾形とすると、土量は長方形より四四三立方メートル少なくなる。長方形の周濠は土を確保するために必要な方策だったのである。

しかし、同じ幅と深さなら、二重にするより一重周濠のほうが中堤を設ける必要がないので、その分だけ土量を確保することができるので得策であるが、一重の周濠は丸墓山古墳と奥の山古墳だけである。つまり、二重周濠の採用はたんに土量の問題だけではなかったのである。

長方形の二重周濠をめぐらすことによって、①土量をより多く確保し、②広大な墓域、外界と隔絶した荘厳な世界を創り出し、③さらに、とくに重要な中堤張り出しをつくることができ、大王級のみに許された埴輪祭祀を、また張り出しをもたない古墳でも中堤において埴輪祭祀をおこなうことができる、という三重の効果を生み出したのである。

8　埼玉古墳群の三重構造

これまで埼玉古墳群の性格を解明するために、墳形、円筒埴輪、造り出し、張り出しなどについて検討してきた。その結果、埼玉古墳群は、

①方位Aおよび方位C系列の一〇〇メートル級の前方後円墳を造営し、造り出しと張り出しをもち、主として六条突帯の円筒埴輪を配列した、首長権を継承した上位のグループ。

②丸墓山古墳を造営し、その後方位B系列の七〇メートル級以下の前方後円墳を造営し、造り出しをもち、主として三条突帯の円筒埴輪を配列した、首長権を継承できなかった中位のグループ。

③小円墳を造営し、二条突帯の円筒埴輪を樹立した下位グループ。

という三重構造となっていたことが判明した（図61）。

最後に、各古墳の諸要素をまとめると、表4になる。

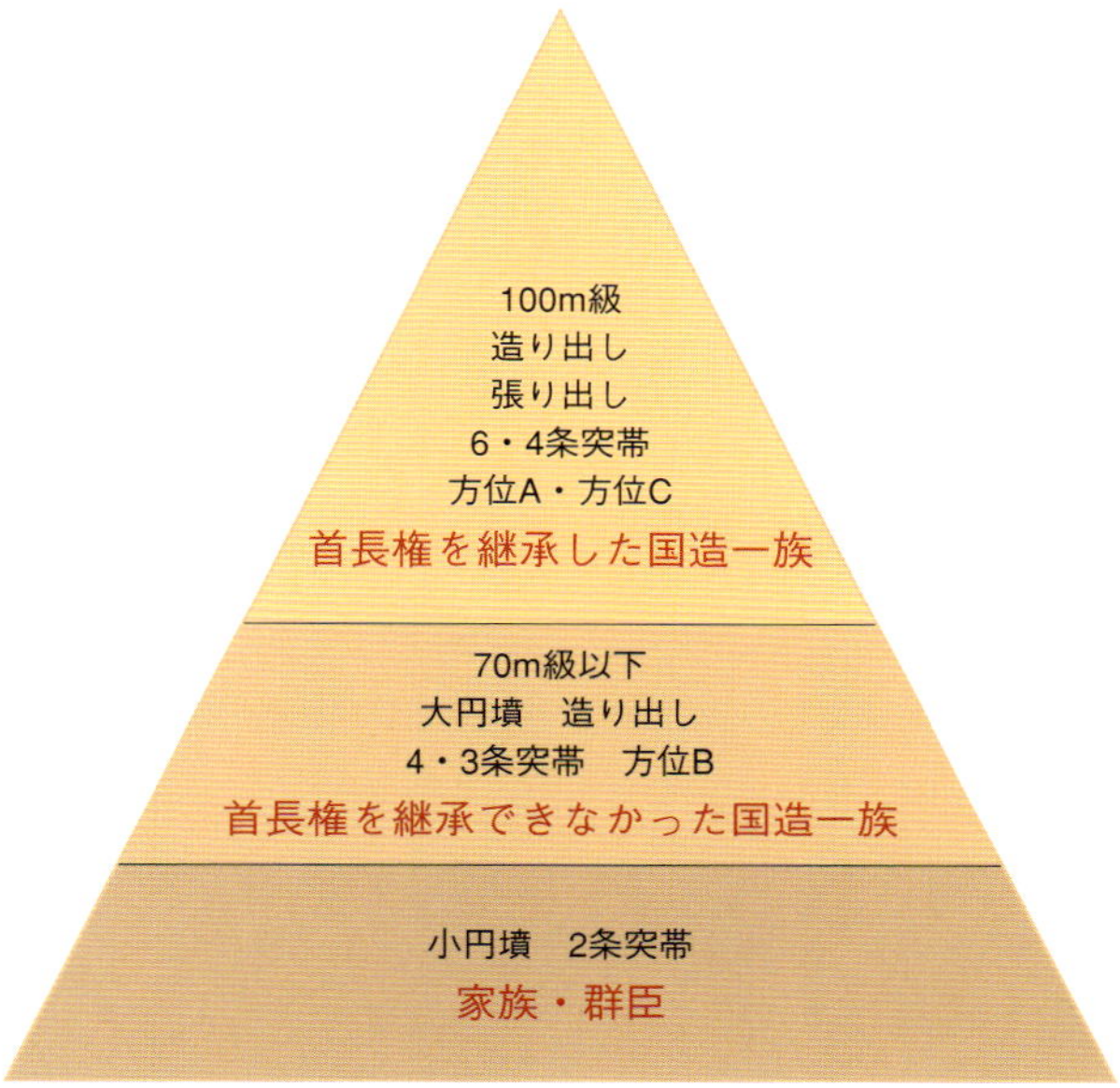

図61 ● 埼玉古墳群の三重構造
埼玉古墳群を形成した一族は、このようなピラミッド形で構成されていた。

古墳名	墳丘	須恵器	時　期	方位	周濠	造り出し	張り出し	円筒埴輪	円筒高(cm)
稲荷山	120	TK23〜47	5C後半〜末	A	二重	○	○	6条	推定85
丸墓山	105	砕片	6C初頭		一重	×	×	6条	不明
二子山	138	TK47〜MT15	6C前半	A	二重	○	○	6条	100〜110
愛宕山	53		6C前半〜中	B	二重	×	×	3条	63、40
奥の山	70	砕片	6C中前半	B	一重	○	不明・無	3条	不明
瓦　塚	73	MT15〜TK10	6C中	B	二重	○	×	4条	68、82
鉄砲山	109	MT85	6C中〜後半	A	二重	○	不明	6条	推定87
大人塚	不明		不明	B				出土	
将軍山	90	TK43	6C後半	C	二重	○	○	4条	60、62、70
中の山	79	TK209	6C末〜7C初	C	二重	×	×	須恵質	
戸場口山	42		7C前半		二重	×	×	無	

表4 ● 埼玉古墳群の各古墳の諸要素

第5章　埼玉古墳群の終焉

1　周辺に大型古墳が出現

六世紀後半の埼玉古墳群周辺の動向に注目してみよう。

将軍山古墳が築かれた前後に、埼玉古墳群の東方三・五キロには一二七メートル余の六世紀第3四半期の真《ま》名《な》板《いた》高山《たかやま》古墳が、東方八〇〇メートルには将軍山古墳と同時期で一〇〇メートルをこえる若王子古墳が、南東一三キロの位置にはそれを上まわる一〇七メートルの六世紀第4四半期の天王山塚《てんのうやまづか》古墳という三基の大型前方後円墳が、埼玉古墳群を包囲するように出現する。

天王山塚古墳の横穴式石室は角閃石安山岩を使用している。埼玉古墳群では使用しなかった上野国《こうずけのくに》の石材を使用していることから、被葬者は上野の首長と政治的交渉があったことが想定できる。

こうした現象から若松良一は、それ以前の埼玉古墳群の絶対的優位性とくらべると、なんらかの政治的変動が起こり、その背景には大和王権による埼玉政権の勢力分解政策があったと考える。しかしその後、天王山塚古墳や真名板高山古墳が造営された地域では、次代の大型前方後円墳が築かれず、七世紀初頭には埼玉古墳群の北方三・五キロに一一二メートルの前方後円墳である小見《おみ》真観寺《しんかんじ》古墳が、七世紀中葉には北方二キロに石室全長一六・七メートルという武蔵最大規模の八幡山古墳（図62）が造営されることから、埼玉政権は復権したと解釈する。

一方、増田逸朗は、これらの古墳は埼玉古墳群と対峙する勢力ではなく、むしろ埼玉古墳群の勢力の一翼を担う首長たちで、埼玉政権は婚姻をとおして同族関係を結んで埼玉一族以外の集団をとり込み、いっそう強固な支配機構を確立したと考えた。

はたして埼玉古墳群を造営した武蔵国造一族の行く末はどうなったのか。その後の考古学的現象などから検証したい。

図62 ● **復原された八幡山古墳の石室**
人物と比較して、その大きさがわかる。

2　武蔵国造一族の解体

埼玉郡の下郡編成

律令時代、埼玉郡は五郷からなる下郡《げぐん》に編成された。大古墳群があった地域としては異例のことである。たとえば、上野国では国造の本貫地である前橋市周辺の群馬郡は、一三郷からなる上郡《じょうぐん》に編成され、国府と国分寺が置かれた。また、下野《しもつけ》国造の本貫地の河内《かわち》郡は一一郷の中郡《ちゅうぐん》に、常陸《ひたち》国造の本貫地である石岡市周辺は一八郷からなる上郡の茨城郡に編成され、やはり国府と国分寺が置かれた。

国造の本貫地であった地域は、律令時代になると国府と国分寺が置かれるのが常であるが、武蔵国では国府は現在の東京都府中市に、国分寺は国分寺市に置かれた。また、こうした有力豪族が盤踞していた地域では、古墳の造営終了とともに氏寺や郡寺が造営されるが、埼玉郡には郡衙にともなう寺院跡は確認されていない。

埼玉古墳群に隣接して旧盛徳寺《じょうとくじ》跡がある。もっとも古い瓦は桶巻《おけまき》造りの平瓦で、国分寺創建段階まで遡る可能性もあるが、一点だけの出土であり、八世紀末の軒平瓦《のきひらがわら》も出土しているが、その数はわずかである。出土瓦の大半は九世紀後半のもので、それ以前に寺院があったとしても小規模な寺院であった。これも異例のことである。

こうした事実から、律令時代まで武蔵国造一族はその勢力を維持したとは考えがたく、七世紀中頃に大和王権とそれに加担する上野政権によって解体されたと思われるのである。

上毛野政権の勢力拡大

天王山塚古墳の角閃石安山岩は、こうした動きに加担した在地勢力が上毛野《かみつけぬ》政権から供給を受けた石材と解釈でき、この頃から埼玉政権解体に向けての動きがはじまったと推察できよう。旧盛徳寺跡の九世紀後半の瓦は、製作技法、文様意匠とも上野国分寺の影響下にあることは、その一端を示すものであり、その後も上野の影響下にあったことを物語っている。日本書紀の安閑天皇元年（五三四）の条に、国造職をめぐる笠原直《かさはらのあたい》使主《おみ》と同族の小杵《おき》とが争い、朝廷に助けを求めた笠原直使主が国造となり、上毛野君《かみつけぬのきみ》小熊《こぐま》に応援を求めた小杵は殺害されたと記されている。つまり、六世紀前半以降、武蔵国造と上野は緊張関係にあったのである。その後、大和王権と中央官人化した上毛野一族は、武蔵国造勢力の解体に向けて行動を開始したとみることができる。

こうした状況のなかで、上野の領域から石材を入手できなかった埼玉政権は、横穴式石室の石材を房総半島に求め、武蔵からは緑泥片岩を供給したのである。さらに、それ以前から埼玉政権は生出塚埴輪窯跡群の埴輪を下総・上総に供給しており、河川と東海道を介してそれぞれの国と深い結びつきがあった。

埴輪や房州石は、武蔵国と上総国との間に、経済的・政治的連携があったことの一端を示している。将軍山古墳が富津市の稲荷山古墳の墳形企画を採用した背景には、こうした歴史的要因があったのである。

埼玉古墳群での造墓の終わり

一辺四〇メートルの方墳である戸場口山古墳は、埼玉古墳群最後の古墳である。それ以前から畿内では前方後円墳の時代は終わりを告げ、方墳の時代となる。

他地域でも同様で、千葉の須恵国造領域の内裏塚古墳群では一辺四〇メートルの割見塚《わりみづか》古墳をはじめ三基の方墳が、印旛《いんば》国造領域では八〇メートルの岩屋《いわや》古墳が、武社《むさ》国造領域では六〇メートルの駄《だ》ノ塚《づか》古墳という方墳が築かれた。

群馬においても国造の本貫地では、一辺五四メートルの宝塔山《ほうとうざん》古墳と四〇メートルの蛇穴山《じゃけつざん》古墳を含め三基の方墳が築かれた。戸場口山古墳もこれらと遜色ない規模であり、武蔵国造一族は衰えたりといえども四〇メートルの方墳を造営し、最後まで体面を保った。

しかしその後、七世紀初頭には古墳群の北方三・五キロに一一二メートルの前方後円墳の小見真観寺古墳が、七世紀中頃には北方二キロに七四メートルの円墳で角閃石安山岩の横穴式石室の八幡山古墳が造営されるが、埼玉古墳群での造墓はすでに終了していた。

埼玉古墳群は一個所に国造歴代の墓を築いた点が大きな特徴で、他の国々とは異なり国造一族に権力が集中していた。さらに、造り出しや張り出しをもつことから、大王との深い関係が認められた。

しかし、律令社会を目指す大和政権にとって、長きにわたり強大な権力をもって盤踞した武蔵国造一族は、むしろ障害となり解体されたのである。

参考文献

石井隆博　一九八九『史跡三ツ城古墳—保存整備事業第2年次発掘調査概報—』東広島市教育委員会
　一九九一『史跡三ツ城古墳—保存整備事業第4年次発掘調査概報—』東広島市教育委員会
大谷　徹　一九九八『新屋敷遺跡D区』（財）埼玉県埋蔵文化財調査事業団
岡本健一　一九九七『将軍山古墳』埼玉県教育委員会
加古川市教育委員会　一九九七『行者塚古墳発掘調査概報』
栗原文蔵ほか　一九七七『鴻池・武良内・高畑』埼玉県教育委員会
車崎正彦　二〇〇三「稲荷山古墳出土の画文帯環状乳神獣鏡を考える」『ワカタケル大王とその時代』山川出版社
劔持和夫ほか　一九九八『築道下遺跡Ⅱ』（財）埼玉県埋蔵文化財調査事業団
劔持和夫　二〇〇〇『築道下遺跡Ⅲ』（財）埼玉県埋蔵文化財調査事業団
国立歴史民俗博物館編　二〇〇三『はにわ—形と心—』
駒宮史朗　一九八九「県内主要古墳の調査Ⅱ—戸場口山古墳範囲確認調査—」『調査研究報告』第二集　埼玉県立さきたま資料館
近藤義郎　二〇〇〇『前方後円墳観察への招待』青木書店
　二〇〇〇「前方後円墳観察補遺」『季刊　古代の海』第一九号
　二〇〇〇「象徴化の話」『季刊　古代の海』第二一号
　二〇〇三「象徴化の話（続・々）」『季刊　古代の海』第三二号
埼玉県教育委員会　一九八〇『埼玉稲荷山古墳』
坂本和俊　二〇〇一「考古学からみた稲荷山古墳の出自」『稲荷山古墳の鉄剣を見直す』学生社
白石太一郎　一九九七「有銘刀剣の考古学的検討」『新しい史料学を求めて』吉川弘文館
　二〇〇一「五世紀の前方後円墳の動向と稲荷山古墳」『稲荷山古墳の鉄剣を見直す』学生社
杉崎茂樹　一九七六『瓦塚古墳』埼玉県教育委員会
　一九八五『愛宕山古墳』埼玉県教育委員会
　一九八七『二子山古墳』埼玉県教育委員会
　一九八八『丸墓山古墳・埼玉1～7号墳・将軍山古墳』埼玉県教育委員会
　一九九八『鉄砲山古墳』埼玉県教育委員会
高橋一夫　二〇〇五「墳丘造り出しと中堤張り出し」『考古学資料館紀要』第二一輯　國學院大學考古学資料館

田中　琢　一九九一「大発見余話」『日本の歴史②　倭人争乱』集英社
田辺昭三　一九八一『須恵器大成』角川書店
塚田良道ほか　一九九七「真名板高山古墳の再検討」『行田市郷土博物館研究紀要』第四集
天理市教育委員会　二〇〇〇『西殿塚古墳・東殿塚古墳』
利根川章彦　一九九四「県内主要古墳の調査（Ⅲ）」『研究調査報告』第七号　埼玉県立さきたま資料館
西口正純　二〇〇〇「稲荷山古墳確認調査の概要—平成九・一〇年度—」『調査研究報告』第一三集　埼玉県立さきたま資料館
日高　慎　二〇〇〇「埼玉県埼玉瓦塚古墳の埴輪群像を読み解く」『第七回特別展　はにわ群像を読み解く』かみつけの里博物館
増田逸朗　一九八七「埼玉政権と埴輪」『埼玉の考古学』新人物往来社
　　一九九一「埼玉政権の法量的分析」『埼玉考古学論集』（財）埼玉県埋蔵文化財調査事業団
松崎壽和ほか　一九五四『三ツ城古墳』広島県教育委員会
宮　昌之　一九九八「稲荷山古墳出土の須恵器—平成九年度発掘資料—」『調査研究報告』第一一集　埼玉県立さきたま資料館
宮崎康雄　二〇〇四「今城塚古墳の発掘成果」『発掘された埴輪群と今城塚古墳』高槻市立しろあと歴史館
森　浩一ほか　一九七二『井辺八幡山古墳』同志社大学
森田克行　二〇〇四「今城塚古墳の埴輪群像を読み解く」『発掘された埴輪群と今城塚古墳』高槻市立しろあと歴史館
山崎　武　一九八一『生出塚遺跡』鴻巣市遺跡調査会
　　一九八七『鴻巣市遺跡群Ⅲ』鴻巣市教育委員会
山本　靖　二〇〇〇『築道下遺跡Ⅳ』（財）埼玉県埋蔵文化財調査事業団
吉川國男　一九九八「雄略紀所載の武蔵直丁と稲荷山鉄剣」『調査研究報告』第一一号　埼玉県立さきたま資料館
吉田　稔　一九九七『築道下遺跡Ⅰ』（財）埼玉県埋蔵文化財調査事業団
読売新聞社浦和支局編　一九七八『辛亥銘鉄剣と埼玉の古墳』
若狭　徹　二〇〇〇「八幡塚古墳の埴輪群像を読み解く」『第七回特別展　はにわ群像を読み解く』かみつけの里博物館
若松良一　一九八二「菖蒲天王山塚古墳の造営時期と被葬者の性格について」『土曜考古』第六号
　　一九八九『奥の山古墳・瓦塚古墳・中の山古墳』埼玉県教育委員会
　　一九九〇「瓦塚古墳の調査から　造り出し出土の供献土器」『調査研究報告』第三号　埼玉県立さきたま資料館
　　一九九二『二子山古墳・瓦塚古墳』埼玉県教育委員会
若松良一・日高　慎　一九九二・九三・九四「形象埴輪の配置と復元される葬送儀礼（上・中・下）」『調査研究報告』第五・六・七号　埼玉県立さきたま資料館

埼玉古墳群

埼玉県名発祥の地である行田市大字埼玉にあり、国の史跡に指定されている。周辺三〇万平方メートルは埼玉県によって「さきたま風土記の丘」として整備され、九基の古墳の姿を見てまわれる。稲荷山古墳は後円部の墳頂部に登り鉄剣の発見された礫槨を見学できる。また丸墓山古墳にも登ることができる。古墳群で最大規模の二子山古墳は内濠も整備され、大型前方後円墳の偉容を実感できる。

さきたま史跡の博物館

さきたま史跡の博物館

- 埼玉県行田市大字埼玉４８３４
- 電話　０４８（５５９）１１１１
- 開館時間　９：００～16：30
（入館は16：00まで）
- 休館日　月曜日、祝日・振替休日の翌日（土・日曜日の場合は開館）、年末年始、臨時休館あり
- 入館料　一般２００円、学生１００円、中学生以下無料
- 交通　ＪＲ高崎線吹上駅から朝日バス「佐間経由行田車庫」または「佐間経由行田工業団地」行「産業道路」下車、徒歩約15分（バスは1時間に3～4便）、市内循環バス（観光拠点循環コース）「ＪＲ行田駅前」から「埼玉古墳公園前」下車徒歩約2分
車では、東北自動車道「加須インター」から約18㎞、「羽生インター」から約15㎞、関越自動車道「東松山インター」から約18㎞、「花園インター」から約25㎞

「さきたま風土記の丘」の一角にあり、国宝「金錯銘鉄剣」をはじめとして稲荷山古墳出土の資料および瓦塚古墳から出土した埴輪群などを展示し、埼玉古墳群について深く学習できる。また年二回の企画展示・収蔵品展やさきたま講座、さきたま夏休み風土記の丘教室などの学習活動をおこなっている。

将軍山古墳展示館

墳丘内部に復原された横穴式石室が見学でき、展示室になっている。副葬品（復原）も配置されており、埋葬当時の状態がよくわかる。

将軍山古墳展示館の復原された石室内部

刊行にあたって

「遺跡には感動がある」。これが本企画のキーワードです。

あらためていうまでもなく、専門の研究者にとっては遺跡の発掘こそ考古学の基礎をなす基本的な手段です。また、はじめて考古学を学ぶ若い学生や一般の人びとにとって「遺跡は教室」です。

日本考古学では、もうかなり長期間にわたって、発掘・発見ブームが続いています。そして、毎年厖大な数の発掘調査報告書が、主として開発のための事前発掘を担当する埋蔵文化財行政機関や地方自治体などによって刊行されています。そこには専門研究者でさえ完全には把握できないほどの情報や記録が満ちあふれています。しかし、その遺跡の発掘によってどんな学問的成果が得られたのか、その遺跡やそこから出た文化財が古い時代の歴史を知るためにいかなる意義をもつのかなどといった点を、莫大な記述・記録の中から読みとることははなはだ困難です。ましてや、考古学に関心をもつ一般の社会人にとっては、刊行部数が少なく、数があっても高価なその報告書を手にすることすら、ほとんど困難といってよい状況です。

いま日本考古学は過多ともいえる資料と情報量の中で、考古学とはどんな学問か、また遺跡の発掘から何を求め、何を明らかにすべきかといった「哲学」と「指針」が必要な時期にいたっていると認識します。

本企画は「遺跡には感動がある」をキーワードとして、発掘の原点から考古学の本質を問い続ける試みとして、日本考古学が存続する限り、永く継続すべき企画と決意しています。いまや、考古学にすべての人びとの感動を引きつけることが、日本考古学の存立基盤を固めるために、欠かせない努力目標の一つです。必ずや研究者のみならず、多くの市民の共感をいただけるものと信じて疑いません。

監　修　戸沢　充則

編集委員　勅使河原彰　小野　昭

小野　正敏　石川日出志

小澤　毅　佐々木憲一

著者紹介

高橋一夫（たかはし・かずお）

1946年生まれ。國學院大學大学院修士課程修了。埼玉県教育委員会で学芸員を振り出しに、文化財行政、埋蔵文化財の調査に携わる。
元埼玉県立博物館長。博士（歴史学）
主な著作 『埼玉県古代寺院調査報告書』埼玉県、『手焙形土器の研究』六一書房、『古代東国の考古学的研究』六一書房

写真等の提供
埼玉県立さきたま史跡の博物館（図2・3・4・6・7・8・9・10・12・14・17・18・19・26・27・28・29・30・31・36・37・38・42・47・48・49）、東京国立博物館（図39・40）、埼玉県立博物館（図41）、行田市郷土博物館（図43）、東京大学総合研究博物館（図44）、その他は高橋

図の出典
図5＝『埼玉稲荷山古墳』、図11･21＝『ガイドブックさきまた』、図24＝『愛宕山古墳』、図32＝『瓦塚古墳』、図46＝『奥の山古墳・瓦塚古墳・中の山古墳』、図52＝「真名板高山古墳の研究」、図56＝『行者塚古墳』、図57・59＝『はにわ—形と心—』、図60＝『発掘された埴輪群と今城塚古墳』、図13・16・20・22・23・25・33・34・50・51・53・54・55・58・61（高橋作成）
表は高橋作成

協力者
赤熊浩一、井上肇、杉崎茂樹、杉本　宏、住山　豊、塚田良道、寺浦康子、西口由子、西田健彦、宮瀧交二、若狭　徹、若松良一

シリーズ「遺跡を学ぶ」016
鉄剣銘一一五文字の謎に迫る・埼玉古墳群（さきたまこふんぐん）

2005年 6月 1日　第1版第1刷発行
2018年 3月 20日　第1版第3刷発行

著　者＝高橋一夫
発行者＝株式会社 新 泉 社
東京都文京区本郷2-5-12
振替・00170-4-160936番　TEL03(3815)1662／FAX03(3815)1422
印刷／太平印刷社　製本／榎本製本

ISBN978-4-7877-0536-5　C1021

シリーズ「遺跡を学ぶ」

第1ステージ（各1500円＋税）

03 古墳時代の地域社会復元　三ツ寺Ⅰ遺跡　若狭　徹
08 未盗掘石室の発見　雪野山古墳　佐々木憲一
10 描かれた黄泉の世界　王塚古墳　柳沢一男
16 鉄剣銘一一五文字の謎に迫る　埼玉古墳群　高橋一夫
18 土器製塩の島　喜兵衛島製塩遺跡と古墳　近藤義郎
22 筑紫政権からヤマト政権へ　豊前石塚山古墳　長嶺正秀
26 大和葛城の大古墳群　馬見古墳群　河上邦彦
28 泉北丘陵に広がる須恵器窯　陶邑遺跡群　中村　浩
32 斑鳩に眠る二人の貴公子　藤ノ木古墳　前園実知雄
35 最初の巨大古墳　箸墓古墳　清水眞一
42 地域考古学の原点　月の輪古墳　近藤義郎・中村常定
49 ヤマトの王墓　桜井茶臼山古墳・メスリ山古墳　千賀　久
51 邪馬台国の候補地　纒向遺跡　石野博信
55 古墳時代のシンボル　仁徳陵古墳　一瀬和夫
63 東国大豪族の威勢　大室古墳群〔群馬〕　前原　豊
73 東日本最大級の埴輪工房　生出塚埴輪窯　高田大輔
77 よみがえる大王墓　今城塚古墳　森田克行
79 葛城の王都　南郷遺跡群　坂　靖・青柳泰介
81 前期古墳解明への道標　紫金山古墳　阪口英毅
84 斉明天皇の石湯行宮か　久米官衙遺跡群　橋本雄一
85 奇偉荘厳の白鳳寺院　山田寺　箱崎和久
93 ヤマト政権の一大勢力　佐紀古墳群　今尾文昭
94 筑紫君磐井と「磐井の乱」　岩戸山古墳　柳沢一男
別04 ビジュアル版古墳時代ガイドブック　若狭　徹

第2ステージ（各1600円＋税）

103 黄泉の国の光景　葉佐池古墳　栗田茂敏
105 古市古墳群の解明へ　盾塚・鞍塚・珠金塚古墳　田中晋作
109 最後の前方後円墳　龍角寺浅間山古墳　白井久美子
117 船形埴輪と古代の喪葬　宝塚一号墳　穂積裕昌
119 東アジアに翔る上毛野の首長　綿貫観音山古墳　大塚初重・梅澤重昭
121 古墳時代の南九州の雄　西都原古墳群　東　憲章